JN001813

# 小さな会社の広報大戦略

*Public relations grand strategy*
*for small companies*

松田純子・高橋ちさ ［著］

日本経済新聞出版

# はじめに

　本書は、小さな会社が「企業成長につながる広報活動」を実現するための本です。「メディア取材の獲得」といった短期的な目標ではなく、売上も含む、会社そのものの中長期的な成長につながる広報活動をどのように実現するのかについてまとめました。

　単にメディア露出を目指すのではなく、企業成長につながる広報活動を行いたいと考える経営者や事業責任者、広報責任者（担当者）向けに、小さな会社が広報部をゼロから立ち上げ、成果を出すために必要な知識、ノウハウを具体的かつ網羅的に解説します。これから広報部を作ろうと考えている方は、適切なステップを踏んで効率よく効果的に広報部の立ち上げに取り組むことができます。

　一方で、すでに広報部はあるけれど、今一つ思うような成果が出ていない方は、自社の戦略、体制、活動内容などを振り返り、改善すべき点を見つけていただければと思います。

　広報活動は中長期的な活動であり、自社が進んでいる道が正しい道なのかどうか分かりづらい面があります。会社の置かれた状況（大企業・中小企業、BtoC・BtoB、有名・無名、事業フェーズなど）によっても最適な活動が異なります。そこで本書の執筆にあたっては、BtoB、BtoC企業で先進的な広報活動を行っている小さな会社（元小さな会社）を多数取材し、豊富な企業事例を掲載しています。さまざまな企業の取り組みや取り組み背景を知ることで、読者の皆さんが「自社の状況であればどうするか」を考えるヒントを得やすくしています。

第1章では、広報部の運営に課題を感じている読者向けに、「なぜうちの会社の広報活動はうまくいかないのか?」という疑問に対するヒントとして、架空の3社の事例をもとに「成果が出にくい広報部が持つ共通点」を説明します。

　第2章では、広報の定義、広報と広告の違いといった基礎知識から、企業が広報活動をはじめるべき理由、広報活動が企業にもたらすメリットを詳しく解説します。広報活動が難しいBtoB企業についても実際の企業事例をもとに分かりやすくお伝えします。

　第3章では、ゼロから効率よく広報部を立ち上げ、成果が出る広報活動を行うために知っておきたい、広報部立ち上げの条件、初期の広報組織のあり方、経営戦略から逆算した広報活動の目的設定、目的達成のための広報施策の考え方を提示します。

　第4章では、小さな会社の広報部が明日から使える業務知識やノウハウをまとめています。自社にとって重要なメディアとの関係構築方法やメディアへの各種アプローチ手法など小さな会社に必要な「攻め」のメディアリレーションズ業務、また会社の成長につながる採用広報、社内広報について詳しく解説しています。

　第5章では、広報活動が一番難しいBtoBの小さな会社にフォーカスして、BtoB企業がはじめて広報活動を行う際に取るべき広報戦略を紹介しています。また、「成果への"遠回り"を防ぐ4つのポイント」として、広報活動をはじめたばかりの会社が迷いがち、間違いがちなポイントを挙げ、不必要な失敗の回避方法を伝授します。

　第6章では、より効果的な広報活動を行うために欠かせない「社内を広報に巻き込む方法」「広報活動の評価」について、多くの企業事例を交えながら解説します。また、企業取材を踏まえてまとめた「小さな会

社の危機管理広報」についても本章で紹介します。

　第7章では、広報担当者の採用と育成について、広報担当者に向く（向かない）人材像、異動と採用どちらがよいか、広報担当者は兼務でもよいのか、担当者の育成についてなど、担当者の採用、育成の一般的な疑問にお答えします。

　第8章では、自社の広報部に足りないリソースを補うための方法として、各種PR会社、PRサービスの種類を解説するほか、成果につながる効果的な依頼方法をお伝えします。


　著者は、2007年からスタートアップや中小企業で広報実務に従事し、2019年に伴走型、人材育成型による「企業の広報部門立ち上げ支援」を行うリープフロッグ合同会社を設立しました。

　スタートアップや中小企業などの小さな会社が広報部を持つようになったのは、インターネットが普及しSNSが一般化してきた後でここ数年です。歴史が短い分、小さな会社の広報分野には経験豊富な人材が少ない状況です。小さな会社の企業成長に貢献する広報活動のあり方について、研究、実践する希少な経験を積んできた者として、これまで培った知見やノウハウを、これから広報活動を本格化させる小さな会社にご提供したいと考えて本書を執筆しました。


　広報関連の本は、広報活動がしやすいBtoC企業や大企業向けであったり、メディアアプローチ手法にフォーカスした内容が多いなか、小さな会社の企業成長につながる広報活動のための要諦を本書にしっかりと詰め込みました。本書が自社に合った広報部のあり方、活動内容を決定していくための地図として役立つことを願っております。

目　次

## 第 1 章　ダメ広報部の典型的な失敗例

## 第 2 章　小さな会社にも広報部が必要な理由

第 **5** 章　一番難しいBtoBの小さな会社の広報戦略

## 社内の巻き込み方、広報活動の評価、危機管理広報

## 広報担当者の採用と育成

第 **8** 章 ── PR会社·PRサービスの活用方法

第 1 章

# ダメ広報部の
# 典型的な失敗例

# 広報を「無料の広告」と勘違いしている

## ～人材業界の中小企業A社～

　夕暮れ時の会議室。ニッチながらも人材業界の一角で堅調な成長を続けるA社のY社長が営業部長と向き合って座っています。

**Y社長**：「マーケティング施策も出し尽くして、最近は売上が少し停滞してきたな。何か打開策はないか？　最近『広報』という言葉をよく耳にするけれど、うちの会社でもやってみたらどうだろう？　メディアに出られれば、今までより幅広いユーザーにサービスを知ってもらえるかもしれないし、タダで取材してもらえれば費用対効果のいい宣伝になる」

**営業部長**：「でも、うちには広報を任せられる人材がいないので採用をする必要があります。それだと、コストが余分にかかります」

**Y社長**：「ウチみたいな小さな会社だと、そんなにやることはないだろう。秘書課のメンバーを兼任させるのがちょうどいいと思う。SNSが得意なUさんなんかいいんじゃないか？」

　　　　～1ヶ月後。秘書兼広報担当者を任命して広報部を設置～

Y社長:「じゃぁ、Uさんには今月から広報も兼務して仕事をしてもらうから。まずは月1本の取材獲得を目指して頑張ってください。期待してるからね！」

Uさん:「はい…」

Uさん:(そんなこといきなり言われても、どうやったら無名のウチの会社がいきなりメディアに取材してもらえるようになるんだろう……？)

〜半年後〜

Y社長:「あれから全然取材されないけど、Uさんはどんな広報活動をしているんだ？」

Uさん:「どうすればメディアに取材してもらえるのかが分からないので、まずはそこから勉強しようと思ってセミナーに通っています」

Y社長:「そんなこと、一人で考えていても分かるはずがないだろう。メディアに取材してもらうためには、とにかくメディアに会ってニーズを聞かないと始まらないんだから。1ヶ月に何件などと目標を決めてメディアに会うようにしてみなさい」

〜3ヶ月後〜

Uさん:「社長、いいニュースです！　学生時代の友人の紹介でランチ

をご一緒した「月刊ペット」の編集長さんが、社長のミニブタちゃんの件でぜひ社長を取材したいそうです！」

Y社長：「おお、ついに1本目の取材が取れたか！　やっぱり会食は大事だな」

営業部長：（社長のミニブタが取材されて、会社の営業にどうつながるんだ……？）

 典型的な残念ポイント

1　広報を「無料の広告」だと勘違いしている
2　広報活動の正しい目的設定ができていない
3　経営者の間違った独断に広報担当者が振り回されている

## 1　広報を「無料の広告」だと勘違いしている

　Y社長に限らず、「広報」という領域に馴染みのない人は、「広報」と「広告」の違いをほとんど意識していません。その結果、この2つの活動を混同してしまう例が後を絶ちません。しかし、この2つは「方法」も「目的」も「得られる効果」も全く異なる活動です。

　両者の違いに関する詳細な解説は第2章に譲りますが、端的に説明すると、広報とは、会社を取り巻くステークホルダー（顧客、協業企業、関連団体、株主、社員ほか）と良好な関係性を構築、維持し、自社の成長につなげる活動です。メディアはそのステークホルダーの一つです。

　継続的な広報活動で得られるのは、ステークホルダーとの良好な関係性や信頼であり、このことを土台として商品の売上や事業拡大、自社に合った優秀な人材の採用など企業成長につながるさまざまなメリットを享受することができるのです。

　一方、「広告」の最大の目的は、「顧客の獲得」であり「売上の向上」です。自社の商品を必要とする潜在顧客がどこにいるのか、どんなタイミングでどんな情報を提供すれば顧客の購買意欲が増すのかなどあらゆる条件を研究して、「商品を買ってもらう」ことを目指す活動です。広告の場合は、短期的な成果も十分に目指せます。

　どちらが正しいといった話ではなく、そもそも目的の異なる活動なのです。だから広報で広告的な効果を得ようとすること自体に無理があるのです。

　さきほどのY社長は「広報」と「広告」を混同し、広報を「無料の広告」だと誤解しているようです。広告の場合は、基本的には自社がお金を出せば、好きな場所に好きなメッセージを載せることができます。

　そのためY社長は、メディアの担当者と仲良くなれば、自社にとって都合の良い情報を取材してもらえると思ったのかもしれません。しかし、残念ながらメディアは自分たちの読者にとって有用な情報を取材し編集・提供することが仕事なので、A社がどんなに自社サービスの良さを訴えても読者の知りたい情報でない限りは取材されることはないでしょう。

　メディアには取材記事のほかに広告記事というものがあります。Y社

長が求めていることは、メディアの側からすれば「それは広告記事として依頼してください」ということになります。

この項目に関連する解説が読めるページ

**第2章：小さな会社にも広報部が必要な理由**
・広報は会社の成長に必要な「関係」を構築する
・広報と広告の違い　など

## 2　広報活動の正しい目的設定が出来ていない

この後の2社の事例でも取り上げますが、「広報活動の目的」が明確でない会社はとても多いです。昨今、小さな会社も含めて広報部を置く会社が増えていますが、その分、社内に知識や経験のある人材がおらず、広報活動に関する理解が曖昧なまま広報活動を行っている会社も増えています。

さきほど、自社を取り巻くステークホルダーと良好な関係を構築して企業成長につなげる活動が広報活動だと説明しましたが、現状のA社の広報活動の目的は、「メディアに出ることで自社の宣伝をする」というものです。

そのため「どうすれば取材されるのか？」から逆算して考えて、「とにかくメディアの人と知り合って取材のきっかけを作ろう」という行動をとっているのです。

広報活動の目的をこのように捉える会社もたくさん存在しますが、これは上手く機能しません。この問題点については次の事例で詳しく解説

します。

**この項目に関連する解説が読めるページ**

**第3章：ゼロからの広報部の作り方**

・立ち上げ期の広報戦略

・経営戦略から逆算した広報活動の目的設定　など

### 3　経営者の間違った独断に広報担当者が振り回されている

　また、A社の場合は、「広報を無料の広告」と勘違いし、「メディアと仲良くなれば取材してもらえる」という経営者の間違った独断に広報担当者が振り回されている様子も見受けられます。

　多くの経営者はゼロからビジネスモデルを考え、リスクをとって会社を立ち上げて社員を何十人、何百人に増やした自負があります。そのため、自身は広報やマーケティング領域が得意だと思っている方も多いようです。

　実際に鋭い感覚をお持ちなのは間違いありません。しかし、経営者も一人の人間です。自社を取り巻く環境が時々刻々と変化し続けるなか、メディアの最新動向まで把握したり、広報活動に関する最新知識や技術を細かくキャッチアップしている暇はありません。

　誰も逆らうことができない経営者が独断で"これが正しい広報活動だ"、と決めて突き進んでいる会社は失敗パターンに陥りやすくなります。

# 広報活動＝
# メディア露出獲得だと考えている
## 〜IT業界のスタートアップB社〜

　フードTech分野でサブスクリプション事業を行うITスタートアップのB社で、月1回の広報定例ミーティングが行われています。

**S社長**：「うちの会社も広報部を作って2年目だから、そろそろ全国紙に取材されたいな。競合会社のXX社はこの前入社式の様子がTVのニュース番組で流れていたぞ。ウチの広報部は全然企画力がないからメディアに取材されないんだ。どうやったら新聞やTVに出られるか企画の1000本ノックをしよう！」

**広報担当Oさん**：「はい、頑張ります」（ウチの社長は、とにかく有名メディアにたくさん出ろとうるさい。うちのような出来立てのスタートアップが、新聞や有名TV番組に取り上げてもらうのは至難の業なのに……。これだと、どうしても「メディアに出やすいネタ」を追求する活動になってしまう……）

〜数カ月後〜

**Oさんの上司**：「今期の評価なんだけど、今期は、朝のワイドショーでうちの『テレワーク運動会』の様子が大々的に取り上げられたから評価

が高くなっているよ」

**広報担当0さん**：「ありがとうございます！　あの、新サービスの方は……」

**0さんの上司**：「業界紙に載ったやつ？　あれは目立たなかったね」

**広報担当0さん**：（朝のワイドショーは、メディア的に引きのある話題を上手く企画できて良かった。先月、小さくだけど専門媒体で新サービスを取り上げてもらった件は、顧客への認知向上や売上につながった部分もあったんじゃないのかな……？　記事が小さいからと言ってそこが評価されないのはおかしい……。うちの会社の広報って一体どこに向かっているんだろう？）

**典型的な残念ポイント**

**1　広報活動の目的がメディア露出獲得になっている**
**2　経営層と広報担当者の意思疎通が上手くいっていない**

### 1　広報活動の目的がメディア露出獲得になっている

　A社の事例でもお伝えした通り、会社が何の事前知識もなく急に広報活動をはじめた場合、ステークホルダーと良好な関係を構築して企業成長につなげるという広報の意義をすっ飛ばして、無料の広告のような感覚で自社商品の宣伝目的で広報活動を進めてしまうケースがよくあります。

「広報活動とは、メディアに出て会社や商品の認知度を高める活動」という認識はその典型です。もちろん、企業や特にBtoC商品が大手メディアに取り上げられることで、売上や採用活動などに大きな効果が出ることはあります。メディア露出を目指した広報活動をすること自体が問題なのではありません。自社にとって適切な広報活動の目的を踏まえずに、単純に広報活動の目的＝メディア露出獲得で突き進むことが危険なのです。

　もしこの認識で広報活動を進めたら、そもそも広報活動で対象となるステークホルダーが「メディア」だけになってしまいます。また、小さな無名の会社がメディアに取材してもらうことはあまりにも難しく、広報活動が意図しない方向に歪んでしまいます。

　本来、自社がメディアに取り上げてもらいたいのは、事業や商品、サービス、企業の持つ価値観などの本質的な情報です。しかし、有名企業などでもない限り、こうした情報を大手メディアなどに取り上げてもらうことは非常にハードルが高いです。そうしたなかで、メディア露出至上主義で突き進んでしまうと、どうしても「メディアが取り上げてくれそうな情報」（A社の場合は「社長のペットのミニブタ」、B社の場合は「テレワーク運動会」）を探して発信する活動に陥ってしまうのです。

　こうなると広報活動が、ステークホルダーと良好な関係を構築してそれを企業成長につなげる活動からどんどん離れていってしまいます。

　特にBtoBの小さな無名の会社の広報活動のハードルの高さは想像以上です。広報活動を行う会社はどんな会社でも、ステークホルダーと良

好な関係を構築してそれを企業成長につなげるために、自社の経営戦略から逆算したそれぞれの会社の「広報活動の目的」を設定する必要があります。

この目的を達成するために、「大手メディアで露出を獲得する」ことを手段の一つとして設定することは理にかなっています。実際、メディアとの関係構築や取材誘致は広報部の主要な活動です。だからこそ、事前知識のない会社がメディア取材獲得自体を広報活動の目的と勘違いしてしまうのです。

しかし、単純にメディアに取り上げられやすい情報を追求した情報発信に陥ると、「ステークホルダーに何を伝えるのか」という自社の意思を踏まえた一貫した情報発信ができなくなります。伝えたいことが伝わらないことはもちろん、意思のない情報発信がいずれはブランド毀損につながったり、不要な誤解を招いたりすることも起こり得ます。

特にメディア露出が難しい小さな会社にとっては、広報についての基礎知識を得たうえで、自社において適切な広報活動の目的を設定し、その目的を達成できる活動にフォーカスすることが、限りあるリソースをもとに最短で成果をあげる方法といえます。

 この項目に関連する解説が読めるページ

**第3章：ゼロからの広報部の作り方**

・立ち上げ期の広報戦略

・経営戦略から逆算した広報活動の目的設定

**第4章：広報部の業務**

・小さな会社の広報業務とは　など

## 2 経営層と広報担当者の意思疎通が上手くいっていない

　B社もA社同様、トップが方針を決めて広報担当者が実務を行っている構図です。ただし、社長から広報に向けて「なぜ大手メディアに出ることが良いことなのか」「大手メディアに出ることが自社にとってどんなメリットになるのか」の説明はしていない様子です。そのため、広報担当者は「専門媒体で新サービスが取り上げられた件が評価されていないのはおかしい」とモヤモヤを抱えています。

　自社の広報活動の目的や成果の基準などについて、経営者と広報担当者が共通認識を持っていないとボールがどこに転がって行くか分かりません。広報担当者が会社の「何を」「誰に」向けて広報しているのか分からない状態では広報活動の成果が出ようがありません。
　これは広報活動に限らず基本的なことで、成果が出ていない会社では、経営層と広報担当者の意思疎通が上手くいっていないケースが多く見られます。

 この項目に関連する解説が読めるページ

**第3章：ゼロからの広報部の作り方**
- 「広報部立ち上げの5つの条件」を満たしているか
- 広報部立ち上げ期に最適な組織とは　など

**事例3**

# 社内が広報部に無関心

## ～サービス業界スタートアップC社～

　営業部の会議が終わり、H営業部長が廊下を歩いています。すると、広報担当のNさんが反対方向から歩いてきました。

**営業部長Hさん**：「あ、Nさん、ちょうど良かった。さっき会議で新サービスのローンチ日が決まったんだけど、来週プレスリリース出すからよろしくね」

**広報担当Nさん**：「どんな内容なんですか？」

**営業部長Hさん**：「いつものように営業側で中身を書くから、あとは形式を整えてプレスリリースにしてくれれば大丈夫だよ」

**広報担当Nさん**：「分かりました。では初稿をいただくのをお待ちしています」

**典型的な残念ポイント**

1　社内が広報部に無関心で期待していない（他部署と広報部が連携
　　できていない）
2　ノウハウが無いため広報担当者ができる範囲の業務をするに
　　とどまっている
3　広報担当者が評価されておらずモチベーションが低い

## 1　社内が広報部に無関心で期待していない（他部署と広報部が連携で きていない）

　取材一つ獲得するのも簡単なことではありません。特に社内に広報に
関する知見やノウハウがない場合は、目に見える広報活動の成果が出る
までにはある程度の時間がかかります。そうなると、広報部に対する社
内の反応が冷たくなりがちです。

　例えば、プレスリリースを出す際も、他部署の立場からすれば広報部
に任せてもプレスリリースが自分の部署の取材につながる訳ではなく、
広報担当者の商品理解が足りないので中身は自分たちで書く必要があり
面倒だなと感じてしまう、といったことが生じます。

　また、広報担当者が「広報活動のネタ」を社内から集めようとして
も、他部署のリーダーたちは自分の仕事が忙しい中でなかなかまともに
時間をとってくれません。

　これではいつまでたっても広報担当者が成長できず、成長できないが
ために成果も出せないという悪循環にはまっていくことになります。

## 2　社内にノウハウが無いため広報担当者ができる範囲の業務をするにとどまっている

## 3　広報担当者が評価されておらずモチベーションが低い

他部署との連携があって初めて業務が成り立つのが広報部なので、他部署から信頼が失われていくと広報担当者の仕事の幅はどんどん狭まっていきます。

さきほどのプレスリリースの例でいえば、他部署の責任者が書いたプレスリリースを自社ウェブサイトに掲載したりPRTIMESなどのプレスリリース配信プラットフォームにセットすることだけが広報担当者の仕事になってしまうというイメージです。

未経験で広報担当者になった後、誰にもフォローしてもらえず、気づけばもともとの予定が変更になって仕事の大半が他部署との兼務になっていたり、SNSやブログ更新がメイン業務になっている広報担当者の方を実際に見かけます。

専門性が高い仕事にもかかわらず社内の誰にも助けてもらえず、予算がないため支援サービスも使えず、評価もしてもらえない。こういった状況では広報担当者のモチベーションは下がる一方です。モチベーションの下がった広報担当者が成果を上げにくいことは言うまでもありません。

この項目に関連する解説が読めるページ

第6章：社内を広報に巻き込む方法、広報活動の評価、小さな会社の危機管理広報

　架空の3つの会社を例に、「成果が出にくい広報部が持つ共通点」を紹介しました。典型的な残念ポイントをまとめると次の通りです。

 典型的な残念ポイント

・企業広報という活動そのものに対する理解不足

・自社に合った適切な広報活動の目的設定ができていない

・経営陣と広報担当者のコミュニケーションが適切に取れていない

・社内の理解や協力が得られていない

・広報実務に関する知識、ノウハウ、リソース不足

　どの項目も中小、スタートアップ企業の経営者や、未経験かつひとりで広報を担当している方などから受ける相談から見えてきた課題点です。もし自社がこれらに当てはまるようなら、本書を参考に、自分たちに合った広報部のあり方を見直していただければと思います。

　また、これからまさに広報部を立ち上げようとしている方は、せっかくはじめる広報活動が上記のような状況に陥らないように、一歩ずつ前に進んでいきましょう。

第 **2** 章

# 小さな会社にも
# 広報部が必要な理由

# 広報は会社の成長に必要な「関係」を構築する

　広報の定義についてよく引用されるのは、アメリカでPRの教科書とも言われる『Effective Public Relations』（邦題『体系 パブリック・リレーションズ』スコット・M・カトリップほか著、ピアソンエデュケーション刊）です。同書ではPublic Relations（広報）を次のように定義しています。

> パブリックリレーションズとは、組織体とその存続を左右するパブリックとの間に、相互に利益をもたらす関係性を構築し、維持するマネジメント機能である。

　また、日本パブリックリレーションズ協会や日本広報学会では次のように位置付けています。

> パブリックリレーションズ（Public Relations）とは、組織とその組織を取り巻く人間（個人・集団）との望ましい関係を創り出すための考え方および行動のあり方である。（日本パブリックリレーションズ協会HP「パブリックリレーションズとは」より）

【広報の定義】
組織や個人が、目的達成や課題解決のために、多様なステークホル

> ダーとの双方向コミュニケーションによって、社会的に望ましい関係
> を構築・維持する経営機能である。（日本広報学会プレスリリースより）

　どちらにも共通するのは、自社と、自社を取り巻くステークホルダーとの間に「良好な関係」を構築する活動だということです。企業は、自社の成長を目指して広報活動によって各ステークホルダーと良好な関係構築を行うのです。

　この定義を踏まえると、メディアも企業にとってたくさんあるステークホルダーの一つということになります。
「あの商品はメディアに出て有名になった」というのは分かりやすい広報の成果ですが、広報はそうした短期的な効果だけを狙う活動ではないということです。
　企業を取り巻くステークホルダーは、顧客・潜在顧客、協力会社、株主・投資家、関連団体・行政機関、自社の社員、求職者など、挙げればきりがないほど社内・外に多岐にわたって存在します。これらのステークホルダーと時間をかけて、中・長期的に良好な関係を構築することが本来の広報の役割です。

# 広報と広告の違い

　広報という活動を理解して正しく前に進むためには、前提として「広報」と「広告」の違いを正確に知っておく必要があります。なぜなら、ここを混同して、はじめたばかりの広報活動があらぬ方向に進んでしまう企業が後を絶たないからです。

　例えば、「メディアに記事が載る」という点では、自社が取材されて記事になっても、自社から広告を出して記事になっても、外部から見ると違いがよく分かりません。

　そのため、「メディア露出獲得が広報の仕事」という誤解も相まって、(第1章で紹介したY社長のように)広報を「無料で(広告のような)記事を出すための活動」と捉えている人もいます。しかし、本来「広報」と「広告」は目的も効果も全く異なる活動です。


「広告」の定義を辞書で確認すると、広告とは「『世間に広く知らせること』であり、とりわけ商品やサービスなどに関する情報を世間の多くの人に知らせ・興味を抱かせ・購入その他の行動を促す、そのために行われる情報伝達もしくは情報伝達の媒体や伝達内容のことである」と記載されています。

　ステークホルダーと中・長期的に良好な関係を構築することが目的の広報活動と違い、基本的に広告は直接的に商品やサービスを知っても

らったり、買ってもらうことを目指す活動です。

　基本的にと記しましたが、昨今では、従来のカテゴリーで言えば広報施策であるはずのブランディング（企業や商品やサービスのポジションを確立したり、ポジションをさらに向上させること）を目指す広告施策もあります。

**【広報と広告の違い】**

| | 広報 | 広告 |
|---|---|---|
| 目的 | ステークホルダーと中長期的に良好な関係を構築する | 商品、サービスなどの情報を広く知らせ、購入を促す |

　広報活動を行う上で最低限理解しておくべき広報と広告の違いを「編集記事」と「広告記事」を例に挙げて説明します。

　雑誌やWebメディアなどには、メディアの取材から記事になった「編集記事」と、企業がお金を出して掲載した「広告記事」が混ざって掲載されています。

「広告記事」には必ず「PR」や「広告」などの表示があり広告であることが明示されていますが、媒体内で記事のデザインが統一されていて違いに気づかない人もいるかもしれません。

　この2つのなかで、広報活動によって掲載を目指すのは「編集記事」です。「編集記事」は、メディアが企業に取材を申し込んで記事を作成するもので、メディア側の判断によって記事の内容が決まります。一方、「広告記事」は広告主である企業が対価を払って作成するもので、法律やルールに従いながら広告主が記事の内容を決めます。

　両者の基本的な違いをまとめたものが次の図です。

**【広報と広告の違い：記事】**

|  | 編集記事 | 広告記事 |
|---|---|---|
| 掲載費用 | 無料 | 費用がかかる |
| 掲載内容 | 取材にもとづいてメディア側が内容を決める | 掲載ルールに従いながら広告主が内容を決める |
| 情報の信頼度 | メディア自体の信用が反映されるため、記事内容の信頼度が高くなる（「○○新聞が書いているのだから確かな情報だ」と読者が感じる） | 広告として捉えられるので情報の信頼度は高くない |
| メディア露出・出稿で期待できる効果 | 信頼度の高い第三者を通して自社の情報が伝わることで、読者、視聴者（＝顧客、求職者など）の自社に対する信頼度が、中・長期的に上がる。その結果、商品の購入や採用などに繋がることもある | 商品、サービスが売れやすくなる |
| 取材記事と広告記事の見分け方 | － | 「広告」「PR」「提供」といった言葉で広告であることが明示されている |

　「編集記事」は、企業から見た第三者（メディア）が「この情報には掲載する価値がある」と判断しているわけです。

　「編集記事」と「広告記事」では、読者の情報に対する信頼度が大きく異なります。メディアが客観的に取材して記事になった情報には、そのメディアへの信頼が反映されます。つまり、「○○新聞が伝えているのだから、この情報は信頼できる。注目に値する」と読者が判断しやすい

のです。

そのため、継続的な広報活動でメディアに会社や商品、サービスをポジティブに取り上げ続けてもらえると、会社や商品、サービスへの確かな理解や信頼を醸成していくことができます。そして、その信頼を土台として企業活動や採用活動などを有利に行うことができるのです。

その代わり、取材記事はメディアの判断で内容が決まるため、企業が記事の内容をコントロールすることはできません。思いもよらない書かれ方をすることで、自社の評判が下がることもあり得ます。

一方、広告記事は基本的に広告主が言いたいことをそのまま言えるので、広告を見た人がその広告の謳い文句にピンと来れば即、商品購入に至ることがあります。

簡単に言うと編集記事には「メディアが読者に伝えたいこと」が書かれており、広告記事には「広告主が読者に伝えたいこと」が書かれているのです。

そして、当然ながらメディアの側も「編集記事」と「広告記事」を区別して考えています。この違いを理解せずにメディアに対して「ウチの新商品が出たので取材してください！」というアプローチをしてはいけません。このアプローチができるのは、メディアがその商品を取材する価値があると思っていることが分かっている時だけです。メディアの立場からしたら、「御社が言いたいことは広告を出して言ってください」となります。

新聞や雑誌、Webメディアなどの編集部の方とお話をしていると、企

業によってはこの違いをよく理解しておらず、コミュニケーションがスムーズにいかないことも多いようです。メディア側からすれば的外れな提案が続くことになり、企業側からするとどんなに提案しても採用されないというミスマッチが生じるのです。

　このように、短期的に売上を上げたいのであれば広告の方が適しており、広報は不向きな活動だといえます。また、逆に商品やサービスに関する信頼を醸成したいと考える場合には、広告を出すよりも広報の方がより向いているといえます。

　また、現実問題として、広報と広告は用語の定義が使用者間で統一されておらず、言葉の使い方が人によって違う場面をよく見かけます。「商品のPRをする」と言う場合、PRのことをPublic Relations（パブリックリレーションズ）ではなくPromotion（プロモーション）のような意味で使うケースなどです。

　認識に齟齬を生じさせないためにも、今自分たちがしたいのは広報なのか、広告なのか、目的、効果の違いを明確に理解して、自社の施策においてしっかり使い分ける必要があります。

## PR市場規模は拡大傾向

公益社団法人日本パブリックリレーションズ協会では、「PR業実態調

査」という名前で隔年でPR市場規模に関する調査データを発表しています。これはPR会社の売上データから市場規模を推計して出しているものです。

　このデータを見ると、2020年度こそ新型コロナウイルスの影響を受けて前回調査より市場規模が縮小しましたが、基本的には一貫して右肩上がりで成長しています。

**【PR業界全体の市場規模（推計）】**

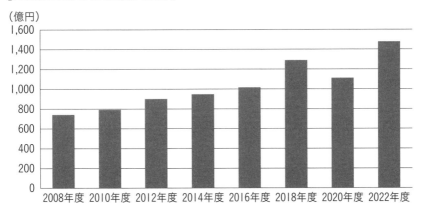

出所：公益社団法人日本パブリックリレーションズ協会発行の「PR業実態調査」をもとに筆者が作成

　企業における広報部の設置数については調査データがありませんが、PR会社の売上が拡大しているのであれば企業の広報部も増加傾向にあることは間違いありません。広報担当者、コンサルタントとして双方の経歴を持つ筆者の感覚でも、ここ5、6年で小さな会社も含めて、広報部を持って広報活動を始める会社が増えているという実感があります。

一昔前まで、広報部は上場している大企業のみが持つというのが一般的でした。その数が今急速に増え始めている理由は何でしょうか。

理由は大きく分けて2つあります。一つは、誰もが手軽に情報発信ができる環境が整ってきたことです。

## 小さな会社が広報活動をはじめる 理由①　「情報発信の手軽化」

かつて聞かれた「4大マスメディア」という言葉が象徴するように、日本においては長きにわたってテレビ、新聞、雑誌、ラジオがメディアの中心でした。これらのメディアは大きな影響力を持っており、TVの全国放送や全国紙で自社の商品やサービスが取材されると多くの人の目に触れることが約束されていました。そのため、各大手企業の広報部では細心の注意を払いながら、こうしたメディアとのリレーション構築に精を出していたのです。

ただし、影響力は大きいものの、そうしたメディアを運営する媒体社の数は限られていました。また、メディアの特性上、情報を取り上げる番組の時間や紙面の文字数を簡単に増減させることも不可能でした。そのため、番組や紙面に取り上げられる商品や企業の数は決して多くなく、基本的にその枠は大企業や有名企業に関する話題で埋まってしまっていました。

　そうした状況が、ここ20年のインターネットの普及で一変しました。インターネットの急速な普及によってメディアのあり方が大きく変わってきたのです。

　総務省が発表している「情報通信白書」によると、2000年のインターネットの個人利用率は37.1％に過ぎませんでした。それが、2021年には82.9％にまで上昇しています。また2000年代からは手元で大容量のデータを見たり、手軽に情報発信をすることができるスマートフォンが普及しはじめました。

　さらに、国内では2007年にYou Tube、2008年にTwitter（現在はX）、Facebookが相次いでサービスを開始。その後もLINE、Instagramなど、さまざまなSNSが私たちの生活や仕事に欠かせない存在となってきました。

　当初は、高いリテラシーを持つ限られた人だけが利用していたインターネットを、今では幅広い世代が当たり前に利用するようになってきたのです。

　こうした流れのなか、かつて主流であった「4マスメディア」にインターネット上で展開するメディア「Webメディア」が加わるようになりました。Webメディアは、これまでのメディアと比べると格段に立ち上げやすく、掲載する記事の量や文字数なども柔軟に変えることができます。

　柔軟性の高いWebメディアが次第に増えていったことで、ついに中

小企業、スタートアップにも掲載の枠が回ってきました。小さな会社でも自ら情報発信をすることで、メディアに取り上げてもらえる機会が過去と比べるとグンと増えたのです。

　インターネットの普及とそれに伴うSNS、Webメディアの出現、デバイスの進化といった情報環境の変化によって、今では中小企業やスタートアップまで幅広い企業が、アーンドメディア（報道）、シェアードメディア（SNS、ブログ）、ペイドメディア（広告）、オウンドメディア（HPなど自社所有のメディア）を柔軟に活用して自社の情報を発信するようになりました。これら4つのメディアの定義と活用方法をまとめたものが「PESOモデル」として有名です。

**【PESOモデル】**

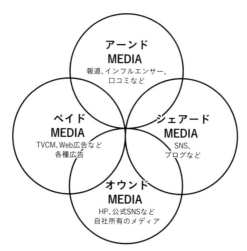

出所：PESOモデル提唱者のWebサイトの図を参考に筆者が作成
https://spinsucks.com/communication/peso-model-breakdown/

## ニッチなWebメディアでの
## 露出でも十分意味がある

「やっぱりTVや新聞に出るのが一番じゃないの？」「ニッチなWebメ
ディアに出ることにどんな意味があるの？」と思う方がいるかもしれま
せん。

Webメディアに出ることにも大きな意味があります。正確に表現す
ると、Webメディアに出ることに意味があるかどうかは、その時の広報
施策の目的や目指す成果によって決まります。Webメディアに出ること
に意味があるかどうかは、その時の広報施策の目的や目指す成果によっ
て変わるからです。

そもそもWebメディアと言っても、昨今では必ずしも「ニッチ」な
メディアとはいえません。例えば、Yahooニユースのように1日の配信
記事数が6,000本を超え、月間PVが225億（2020年時点、Yahoo! JAPAN HPよ
り）にのぼるメディアもあります。インターネット普及期とは違って
Webメディアの存在感はかなり大きくなっており、Webメディアを通し
てマス（大衆）に情報発信することも不可能ではありません。

また、Webメディアの場合は、読者数が限られていてもTVや新聞、
雑誌などと比べて読者属性が明確で、特定の領域、属性の人に深く刺さ
る情報を届けることで存在感を発揮しているケースがよくあります。

TV、新聞、雑誌、Webメディアなど、メディアにはそれぞれ特長があります。幅広い世代のたくさんの人に一気に情報を届けたい場合はTVが向いている（ただし、最近は若年層のTV離れは起きています）でしょうし、BtoB企業が自社の持つ技術力などコアな情報を特定のターゲット（顧客・潜在顧客）に伝えたい場合は、ターゲットが読んでいる業界専門のWebメディアに情報提供をした方が良いはずです。

BtoB企業が自社の技術力を潜在顧客層にアピールしたい場合、いくら多くの人が見ているからと言って主婦層がメイン視聴者のお昼のTV番組で紹介されるよりも、業界新聞などの専門メディアに技術について取材してもらった方が、届けたい相手に的確に情報を届けることができます。広報施策の目的や目指す成果に合っているメディアを選択して情報提供することが重要です。

## 小さな会社が広報活動をはじめる理由② 「広報成果の見える化」

広報活動をはじめる会社が増えている2つ目の理由は、情報のデジタル化により広報施策の成果がある程度、定量的に見えるようになったことです。

これまで多くの大企業が行っていた広報活動は、ブランディングや危機管理広報（事故、不祥事など企業が危機的な状況になった際に被害を最小限に抑え

て収束させたり、危機的な状況を起こさないために備える活動）が中心で、活動の成果を定量的に測定することが困難でした。

　また、インターネットの普及前は、たとえ TV 番組で自社の商品が取り上げられたとしても、それが実際にどのくらいの人の目に触れて、商品の購入意向度をどのくらい上げたのか、などの効果を定量的に確認することはできませんでした。

　その結果、リソースが少ない小さな会社では、どうしても効果がはっきりと分からない広報活動に時間や人材を割くことが難しく活動が後回しになりがちだったのです。


　しかし、今では様々な情報がデジタル化され、メディア露出による効果もデータで追うことができるようになってきました。

　小さな会社でも、例えば、メディアで記事が掲載された日に、どのくらい自社商品を掲載している Web ページの PV が上がったか、顧客獲得のために HP 上に掲載しているホワイトペーパー（顧客・潜在顧客に役立つ情報を掲載した資料）のダウンロード数が増えたか、顧客などからの問い合わせ・注文数が増えたのかなどをデータで明確に把握することができます。

　これまではっきりとは分からなかった広報活動の成果、特に小さな会社にとって優先度の高いセールスなどビジネスへの貢献が、ある程度、経営者や現場担当者の目に見えて分かるようになったことが小さな会社の広報活動を後押ししているのです。

# 広報をしないことがリスクになる

　筆者の実感としては、広報活動が直接的、間接的、中・長期的に「売上拡大にも効果がある」と小さな会社の経営者が感じるようになったことが、広報活動への関心を高めていることは間違いありません。

　ただし、ある程度、広報について勉強をしてから広報部を作ろうとする企業は、「売上」などの直接的な効果ではなく、むしろ「自社の強みや価値観を言語化してステークホルダーに伝える」ことの重要性に気づいて広報部の設置を検討しています。

　グローバリゼーションや社会の成熟などさまざまな要因によって、消費者や求職者など人や企業が持つ価値観は変化し続けています。こうした企業はこの変化を捉え、持続的に会社が発展できる環境を作るために、「自社を正しく理解してもらうための情報発信」を積極的に行うことが必要だと考えているのです。

　裏を返せば、自らを理解してもらうための情報発信をしないことが事業継続にとってリスクになるという危機感の表れです。

　マーケティング界の大家であるフィリップ・コトラー氏は、『MARKETING 4.0』で商品・サービスが飽和状態のなかで物を売るためには、社会性や自己実現性を訴求することが有効であるとしています。

　これは、技術の平準化などによって商品やサービス自体での差別化が難しく、商品・サービスの特徴を伝えるだけでは物が売れない時代であり、消費者は、商品自体の差異ではなく、商品、サービスを通してこの会社が「社会にどんな価値を提供しようとしているのか」といった価値観に共感して商品を買っているという指摘です。

　また、現代では求職者が仕事を探す際にも、「仕事内容」や「給料」といった条件面だけではなく、その会社が社会に提供している価値や大切にしている価値観に共感できるかどうかを重視して企業を選択していると言われています。

　こうした社会の変化に合わせ、自分たちの言葉で自分たちのことをステークホルダーに向けて発信し、正しく理解してもらうことがビジネスの継続にも重要になってきているのです。

　過去に私が支援した例ですが、創業からすでに70年以上が過ぎている老舗上場企業がはじめて広報部を作るということがありました。
　これは、スタートアップのように売上アップを念頭にしたような広報部の設置ではありません。自社の強みや自社が大切にする価値観を言語化し、メディア取材などさまざまな場面を通して（潜在）顧客、協業会社、社員、求職者、株主などにしっかり伝え、自社を正しく理解してもらうこと、そうした理解や良好な関係性を土台に会社として持続的にさらなる発展を目指すために広報活動を始めたのです。

　ちなみに、BtoB企業では、大手企業でも広報部がないことがたまにあ

ります。限定的な市場で名前を知ってもらえればよく、すでに長く事業が安定しているため広報部を設置する必要性を感じずに作らなかったケースです。その会社の事業活動そのもの、現場社員の仕事そのものが評価されてビジネスが成り立ってきた証しであり、それはそれで素晴らしいことだと思います。

　ただし、多くの競合他社が自ら情報発信をするようになると、目の前のお客様だけに知ってもらえればいい、分かってもらえればいい、といった考えでは会社の持続可能性を下げることになります。

## 適切な広報活動が大きなアドバンテージに

　消費者が手にする情報量が爆発的に増えた今、情報は埋もれやすいものになりました。ただ漫然と情報発信するだけでは、自社が意図するターゲットにしっかりとメッセージを届けることができません。

　実は、メディア側も情報収集をする際に、情報が多すぎて困ることがあるようです。筆者は企業の広報担当者の方などと一緒にBtoB向けのWebメディアの編集長などを取材して、「広報担当者が理解しておくべき媒体概要、求めている情報」などをnote記事にまとめています。

　その取材の際、Webメディアの方からよく耳にするのは、「企業広報からの情報提供をもとに取材先を探す」というお話です。それがすべて

ではないですが、情報量が多すぎるなか、メディア側も隅から隅まで自分たちだけで取材先を探したり、精査することが現実的ではないのは確かでしょう。

　情報が多くなり過ぎた今だからこそ、自分たちの言葉で自分たちの想いをきっちりと発信していかないと情報が埋もれて伝わらなかったり、誤解を与えたりする危険があります。

　ただし、これほど大きな変化が起きているにもかかわらず、広報活動に対する熱量は会社によってかなり温度差があるのが実情です。小さな会社ではまだ広報活動をしていない、あるいは思うように上手く運用できていないという会社の方が圧倒的に多いです。今後も広報活動をする会社としない会社の差は開くばかりといえます。

　その意味では、上手くできていない会社が多いなかで、適切な広報活動をすることができればそれは大きなアドバンテージになります。

# 攻めの広報がもたらす効果

　情報発信が手軽になったことで小さな会社も広報部を置くようになりました。こうした小さな会社では、これまで大企業の広報部が注力してきたようなブランドを「守る」活動よりも、会社のファンや協力者を増やして直接的、間接的に企業成長に繋げることを目指して攻めの広報活

動をすることが一般的です。

　ここでは、小さな会社が攻めの広報活動をすることによって、どのような効果を狙うことができるのかについて解説していきます。

---

**【攻めの広報活動で得られる効果の例】**

1．認知拡大、ブランディング
2．顧客獲得
3．パートナー企業の獲得、市場開拓
4．資金調達
5．採用
6．その他（登壇、出版などさまざまな機会）

---

## 1　認知拡大、ブランディング

　繰り返しになりますが、広報活動とは、各ステークホルダーと中長期的に良好な関係性を構築する活動です。どんな会社にとっても自社や自社の商品、サービスを「知ってもらう」「理解してもらう」ことは最も重要な広報活動の目的です。また、認知拡大、ブランディングは、広報活動で得られる効果として、とてもイメージしやすいものだと思います。

　しかし、広報活動で得られる効果は、そうした定性的なものにとどまりません。広くステークホルダーに望ましい形で自社を「知ってもらう」「理解してもらう」ことは、ビジネスに直接的に貢献する側面もあ

ります。以下に具体例を挙げます。

## 2　顧客獲得

　自社や自社の商品を望ましい形で「知ってもらう」「理解してもらう」ことで、潜在顧客や既存顧客に情報が届き商品が売れるという効果が考えられます。BtoC商品の場合は、TVの人気番組で取り上げてもらったり、記事に載ることで直接的に商品が売れることもあります。

　ただ、誤解してほしくないのは、前にも説明した通り「広告」と「広報」は別ものです。そもそも広報は「メディア露出で商品を売るため」の活動ではないので、売上への効果というのはBtoCでもBtoBでも基本的に中長期的、間接的なものです。

　企業が広報活動によって情報発信を続けることで潜在顧客の中に会社や商品に対する信頼の土台ができ、最終的に何かのきっかけ（広告かもしれません）で企業や消費者が商品を購入する際の後押しになるということです。BtoB企業において広報活動がどのように売上に関わっていくのかは、後ほど具体例を紹介します。

## 3　パートナー企業の獲得、市場開拓

　パートナー企業を探すためや市場開拓を目的に広報活動をしています、という会社は少ないはずです。しかし、私が企業の広報担当者だった時代を振り返ってみても、広報活動はこうしたことにも確実に寄与します。

　これはかつて実際に筆者が見聞きした、あるメーカーの話です。ある

日突然、当時給与計算システムでアメリカ市場ナンバーワンの企業が、人事業務管理システムで国内シェアナンバーワンの国内企業に業務提携を申し込んできました。そのアメリカ企業は、各国のナンバーワンの業務管理システム会社と提携しながら海外市場に進出するというビジネス戦略を取っていたのです。

業務提携を申し込まれた国内企業は、その当時、何年にもわたって人事業務管理システム市場でナンバーワンをキープしており、そのことを広報活動で強く訴求していました。この広報活動が実って、それまで何の面識もなかった海外企業に見つけてもらうことができ、結果、この提携はその国内企業にとっても新たなビジネスへと繋がりました。

こうした提携の話は実は少なくありません。どんな会社もそれぞれの事業で、自社サービスの顧客層を広げたい、サービスを提供できる市場を広げたい、新しい事業を始めたい、などと考えています。その際に有効な手段の一つに、協業や提携など企業同士のコラボレーションがあります。

例えば、同じ業界だけれど顧客層が違うサービスを提供している企業がコラボレーションすれば、親和性の高いお互いの顧客に各々の商品を知ってもらうチャンスを作れます。

インターネットが普及し、あらゆる企業にとって広報活動が一般的になってきた結果、こういったコラボレーションの動きが活発になってきています。特にIT系のスタートアップなどは、必ずしも物理的にモノを用意する必要がないことも多く、フットワークが軽い印象です。

この時に、重要なのが自社の強みや実績について、しっかりと市場に知っておいてもらうことです。どんなに実績があっても、それが知られていないと相手に見つけてもらうことができません。

筆者が知る限り、こうしたコラボレーションはネット検索からはじまることも少なくありません。他社から声がかかった際に理由を確認すると、「特定のキーワードで色々と検索をかけた結果」「よくメディアに取り上げられていたから」「市場調査などで名前が挙がっていたから」などとおっしゃっていました。こうした経緯は、誰もわざわざ「ネット検索で偶然見つけてコラボしました」とは言わないので、一般に知られることはありません。

## 4 資金調達

INITIAL が発表している国内スタートアップの資金調達動向を見ると、2013年以降、国内スタートアップの資金調達額は2013年の877億円から2022年8,774億円へと10倍にまで拡大しています。

過去と比べて多くのスタートアップが資金調達によって事業運営を行っているということですが、スタートアップが資金調達をする際にも、やはり広報活動で得た信頼が有効に働きます。

大手メディアに取り上げられるということは、さまざまな会社があるなかで百戦錬磨の記者の目に留まったということ、メディア自体の判断によって取材する価値のある会社、サービスだと判断されたということです。

現在の実績というよりも将来的な可能性を訴求して資金調達をする場

合、「大手メディアからの取材」は自社のポテンシャルを客観的に示す一つの指標となります。

実際に創業時からすでに10億円を超える資金調達を成功させたスタートアップの広報部では、資金調達用のプレゼン資料にメディア掲載情報をまとめて記載するようにしていました。

## 5　採用

広報活動に「採用広報」というジャンルがあるほど、自社に合った優秀な人材を採用するために広報活動をする会社は増えています。

かつて、相当なコストと手間をかけて会社案内パンフレットを紙で作っていた時代は、採用に関する情報の更新は大企業でもせいぜい1年に1回程度でした。それだけ小さな会社にとっては、ハードルが高く取り組みにくい施策だったのです。

しかし、情報発信が低コストで手軽になった今では、比較的リソースが少なかったり、広報活動に慣れていない会社でも、メディアプラットフォームのnote（https://note.com/）やWantedly（https://www.wantedly.com）などを使って求職者向けの情報発信を行っています。

小さな会社の採用広報は、必ずしも多くの人に情報を届けることが目的ではありません。採用効率の面からも、採用広報によって、自社の採用ターゲットに的を絞って会社の正しい姿を伝え、ミスマッチを防ぎながら就職・転職意向度を高めることが目的です。

求職者にとってネガティブな情報も含めて伝えることで、求職者の認識間違いや認識不足を減らし、入社後に定着して長く活躍してくれる人

材を採用することができるのです。

　そして、リソースの少ない小さな会社にとってありがたいことに、採用広報は比較的簡単に効果が出る活動です。個人的には、採用広報（求職者への情報発信）をしてみたけれど効果がなかった、という会社の話は聞いたことがありません。

　すでに自社の採用フローに乗っている人に、会社が伝えたい情報を届けるだけでも「会社への理解度が上がる」、それによって「就職・転職意向度が上がる」などの効果が見込めます。

　労働人口の減少が社会問題化している日本において、自社に合う優秀な人材の採用は喫緊の課題です。小さな会社でも採用広報を検討する価値は大きいと思います。重要性が高まっている採用広報の具体的な手法については、第4章でも詳しく説明します。

## 6　その他（登壇、出版などさまざまな機会）

　最初は誰も見ていないブログ記事だったとしても、うちの会社にはこんな制度があります、うちの社長、社員にはこんなスキルがあります、などと情報発信することで、その制度やスキルに目をつけたメディアなどから取材依頼や登壇依頼が来ることもあります。こうした積み重ねが、また新しいビジネスチャンスに繋がることもあるでしょう。

　このように、情報発信によって存在を知ってもらい、存在を知ってもらうことで、その情報に価値を感じるさまざまなジャンルの人、企業、メディアなどを呼び寄せるのが広報活動です。

小さな会社が広報活動をはじめることで得られる効果は多岐にわたり、ビジネスそのものにも貢献するのです。

「どんなに一生懸命に情報発信しても、誰からも何の反応もありません」という場合には、内容や方法の見直しが必要ですが、広報活動による情報発信からは、企業成長に繋がるさまざまな機会の獲得の可能性が広がっています。

# BtoB企業の広報は
# 売上に貢献するか

「広報は売上にも貢献するのか？」というテーマは、小さな会社にとって確実に重要ポイントです。

　特に、メディア露出すれば商品が売れることもあるBtoC企業とは違い、BtoB企業の広報活動がどのように売上に繋がっていくのかはイメージしにくいかもしれません。

　そこで、実際に筆者が過去に広報として勤めていた小さな会社の事例を挙げて説明します。2021年創業の株式会社No Company（ノーカンパニー）が、親会社である株式会社スパイスボックスから独立して子会社になった経緯をご紹介します。

## 事例

# スパイスボックスの広報活動

スパイスボックスは、博報堂グループのデジタル広告会社であり、SNSやWebメディアよりもマスメディアの方が圧倒的に主流だった2003年に業界に先駆けてデジタル広告の可能性を見出して設立された会社です。

日本を代表する大手企業を相手に、創業から長きにわたって、顧客がインターネット上でユーザーに訴求するためのブランディング施策やブランドサイトの企画、設計、情報流通を一気通貫で手掛けていました。

その後、いよいよインターネットが一般に普及し、世の中の多くの人がX(旧Twitter)、FacebookなどのSNSを利用するようになると、2016年頃から、今度はSNSデータを活用したブランディングやマーケティング支援サービス（※）を開発し提供するようになりました。

（※）生活者の生の声やリアルな行動データが蓄積されているSNSからデータを抽出、分析し、クライアントがリーチしたいターゲットユーザーがよく見る媒体を割り出して広告を出稿したり、ターゲットユーザーが興味を持つ情報の文脈を踏まえて広告内容を設計するなどのサービス

筆者は、2015年に広報部のなかったスパイスボックスに入社し、ゼロから広報部の立ち上げを行うことになりました。ここから、この新しい

がゆえに、分かりやすいとは言えないサービスを顧客、潜在顧客をはじめとするさまざまなステークホルダーに知っていただき、価値を理解していただくための広報活動を始めました。

　プレスリリースの配信や事例取材の提案など、マーケティングの専門メディアや経済メディアなどで取り上げてもらえるよう積極的に提案を続けました。その後、徐々にサービスのメインターゲットである大企業のマーケティング部門の方々に "サービスの強み" が認識される状況になっていったのです。

　そして、この広報活動の開始から1年以上が経ったある日、一つの転機が訪れました。このサービスを知った超大手企業のA社から、スパイスボックスのHPに「この仕組み（SNSデータを活用したマーケティング）を採用広報に活かすことはできないか？」という問い合わせが寄せられたのです。

　この問い合わせがきっかけとなり、スパイスボックスはA社に対するSNSデータを使った採用マーケティング支援手法を開発し、提供を開始します。その取り組みが成功すると今度はこのノウハウを別の会社への支援に繋げていきました。


　広報活動としては、このA社の成功事例を各種メディアで取材していただき、これまでスパイスボックスにとっては縁がなかった企業の人事部門にサービスへの関心や信頼を醸成しながら、新しい顧客開拓を進めることになりました。


　このように、スパイスボックスにおける採用広報支援は、まさに広報活動によってA社に "見つけてもらった" ことからはじまった取り組み

です。

　その後、2018年には、当時スパイスボックスの新卒3年目で弱冠25歳だった秋山真氏がこの新サービスを新規事業化することを社内に提案し、自ら事業部長として部門を率いることになりました。その後も順調に成長した本事業は、2021年ついに子会社の株式会社No Companyとしてスパイスボックスから独立するまでに至りました。

　足掛け6年ほどの営業活動、広報活動が実を結んだ形です。秋山氏は、博報堂グループ企業のなかで異例の若さでの代表取締役社長就任となりました。

**【株式会社No Companyが誕生した経緯】**

**2016年頃　　広報活動でサービスの認知拡大**
【スパイスボックス】時代に先駆けて、SNSから抽出した定性・定量のデータをマーケティング施策に活用する新しいサービスを開発。広報活動を開始

**大企業からの問い合わせ**
上記サービスと同様の手法を採用広報に応用できないかと問い合わせ。サービスを開発し支援をスタート

**2018年　　社内に新規事業部を立ち上げ**
上記企業の支援事例を活用して実績を広報

**2021年　　業績好調で子会社化**
【No Company】大手企業の支援事例の広報活動が奏功し、企業からの問い合わせが増大。子会社化へ

　広報的な観点でここまでの流れをまとめると、次のように説明することができます。

自社オリジナルの強みの明確化

▼

広報活動

▼

認知と信頼の獲得

▼

ビジネスチャンス
（顧客、市場の獲得）

　他にない自社オリジナルのサービスの強みを構築すること、その強み
を分かりやすく言語化して広報活動を開始し、ステークホルダーに
「知ってもらう」「理解してもらう」ことを目指して情報発信を続けまし
た。

　この時は、サービスの特徴を理解したＡ社の採用担当者で元マーケ
ターの方がこの仕組みを自社の採用広報に活用したいと申し出てくだ
さったことから、スパイスボックスの新たなビジネスチャンスが生まれ
ました。その後、的確なサービス開発により売上が拡大すると、柔軟に
組織を動かして新規事業部の設置、子会社創設と進みビジネスグロース
に繋げることができたのです。

　もちろん、いくら広報活動を積極的に行っても、サービスの中身がと
もなわない限りセールス上の結果が出ることはありません。スパイス
ボックスのスピーディーで柔軟な対応を広報活動が上手く後押しできた
ことで成果に繋がったのです。

　この事例から、「中長期的に効果的な広報活動を行うことで、会社や

サービスを知ってもらったり、正しく理解してもらうことができる。そのことが新たな顧客や協業企業などを自社に引き寄せ、会社のさらなる成長を実現する」という流れをイメージしていただけたかと思います。

　広報活動における「売上への効果」は中長期的であり、また間接的です。
　すぐにモノを売りたかったら広告施策、会社の持続的な成長を実現したい場合は広報活動が適していると言えます。言い換えれば、小さな会社も含め企業の持続可能な経営に広報活動は欠かせないものになっているといえるでしょう。

## 第 3 章

# ゼロからの
# 広報部の作り方

## 「広報部立ち上げの5つの条件」 を満たしているか?

　広報活動で効果を出すためには、広報活動を始める前に最低限以下の5つの条件が揃っている必要があります。

　これらの5つは、「すべて揃っていないと広報活動をはじめるのは危険」という、どの会社にも共通する必須項目です。

【広報部立ち上げの5つの条件】

1. 自社オリジナルの強みがある
2. 広報活動の目的が明確化している
3. 一定の予算が確保できる
4. 担当する人員が確保できる
5. トップが広報活動にコミットしている

## 自社オリジナルの強みがある 【5つの条件①】

広報活動によって自社や自社の商品をメディアに取り上げてもらうた

めには、メディア側にとって「取材する妥当な理由」が必要です。つまり、どんなに小さなことでもよいので自社にしかないオリジナルの強み、特徴が説明でき、またそれに関わる実績が実際にある（出始めている）必要があります。これがないとそもそも広報はできません。

　これを「当たり前」と感じるかもしれません。しかし、「○○部分が他社と（ちょっと）違うから差別化できている」など経営者や事業責任者が自分の基準で判断をしていて、広報担当者が苦労しているケースが見られます。

　そして、これは提供を開始してから何年も経つ商品やサービスでも当てはまることがあります。価格競争などでビジネスとしては成立しているけれど、差別化ポイントを打ち出しにくい商品やサービスなどの場合です。

　世の中に似たような情報が溢れ返るなかで、こうした商品・サービスについてメディアにアプローチをしようとしても取り上げられる可能性は極めて低いです。

　メディアに有用な情報だと感じてもらうためには、どんなにニッチでも良いので「自社にしかないオリジナルの強み」や「この分野ではナンバーワンと言える特徴」がある必要があります。まだそれが的確に言える状況にないのであれば、まずは冷静かつ客観的に自社商品の強みや特徴を洗い出して言語化する、あるいは、そもそも商品・サービスの強み作りを優先して行うことを検討すべきです。

# 広報活動の目的が明確化している 【5つの条件②】

　問題なく情報発信ができる状態になったら、次に自社の広報活動の目的を設定します。しかし、ここでつまずいている会社が少なくありません。

　そもそも広報活動によって何が実現できるのか具体的にイメージできていないケースがあります。そのため、勢い広報活動の目的が「自社についてメディアに取材されること」「メディア露出量を増やすこと」などと漠然としたものになります。
　「とにかくメディアに出たい」だけで活動すると、「どうすればメディアに出られるのか」を追求する活動になり、広報担当者の仕事は今自社にできそうなメディア露出施策を考えることになります。これは第1章で紹介した「ダメ広報部の典型的な失敗例」でも説明した通りです。

　こうなると、「露出さえすれば何でも良いのか？」「どういう状態になれば広報活動の目的を達成したと言えるのか？」が誰にも分かりません。
　そうならないためにも、本来はまず、自社の広報活動の目的を明確化し、目的達成のために「どんな媒体に」「どんな内容で」取材されることを目指すのか、という順で広報施策を考えることが必要です。

　また、そもそも自社に合った広報活動の目的を設定するためには、自社の経営戦略（事業の目標・課題）から逆算することが必要です。この具体的な手法については後ほど詳述します。ここではまずイメージをつかんでもらうために、企業の広報活動における代表的な目的を記載します。

---

**【広報活動の代表的な目的】**

・ターゲットに自社、商品・サービスのことを知ってもらう（認知、理解）

・ターゲットに自社、商品・サービスのことを好きになってもらう（好意形成、ブランディング）

・商品・サービスを買ってもらう（マーケティング）

・働く場所として選んでもらう（採用）

・社員と会社のエンゲージメントを高める（社内コミュニケーション活性化、文化醸成）

---

　一般的にメインとなるのは、広報活動を通して自社や自社の商品・サービスを知ってもらったり、買ってもらえるように働きかけることです。これに加え、昨今では、小さな会社でも広報活動の目的として採用への貢献や社員のエンゲージメント（企業に対する信頼や貢献意欲）向上を掲げるようになってきました。

# 一定の予算・担当人員が確保できる【5つの条件③④】

　広報活動において最も重要なことは、「継続的かつコンスタントに情報発信を行うこと」です。消費者が受け取る情報量が爆発的に増えている今、継続的かつコンスタントに情報発信を行わないとそもそも情報が埋もれてしまいます。さらに、頻繁な広報担当者の交代などで情報の一貫性が失われたり、情報発信そのものが止まってしまうと、会社としての根本的な信頼が揺らぎかねません。

　この継続的な情報発信は、メディアとのリレーション構築においても非常に重要です。ある時、急に肝煎りの画期的な新サービスをメディア向けに発表しても、これまで全く関係性がなく、どこにも取材されたことのない会社を急に取材するメディアはありません。

　普段から自社をよく理解してもらえるように細かく情報提供を行い、良好な関係性を築いた上で満を持して新サービスを紹介した方が相手に話を聞いてもらえる可能性が格段に高まります。

　企業はこの前提に立って、あらかじめ必要な予算や人員を確保した上で、無理なく中・長期的に広報活動を継続できる体制を整えておく必要があります。理想的には、急な退職でメディアとの関係性や自社固有のノウハウが失われないように、兼任でも良いので広報担当者を複数人確保できると良いでしょう。

　担当者の人件費やプレスリリース配信プラットフォームの利用料など
からPR会社の利用費などまで、各社が行いたい広報活動に最低限必要
な人員と予算を部門の立ち上げ時から確保することが求められます。PR
サービスの活用方法については第8章で詳しく説明します。

# トップが広報活動にコミットしている【5つの条件⑤】

　上記4つの条件を実現するために最も重要となるのが、「企業トップ
の広報活動へのコミットメント（責任を持って関わる）」です。あらゆるリ
ソースを確保したり、目立った効果がすぐに出なくても我慢強く広報活
動を継続していくためには、企業トップによる決断とバックアップが不
可欠です。

　筆者の経験上、小さな会社ほどトップのコミットメント度合いと広報
活動の成果は比例します。広報活動で大きな成果を出せている会社ほ
ど、毎週定例ミーティングを行うなどして経営者側から積極的に広報担
当者とコミュニケーションを取っています。

　広報と企業トップのコミュニケーションがしっかりと取れていれば、
そもそも会社の置かれた状況を踏まえて幅広く広報施策を企画しやすい
ですし、施策をダイナミックに前に進めることができます。予算を割い
て大規模なアンケートを取ってプレスリリースとして発表したり、政府

や自治体を巻き込んだ施策なども可能になるかもしれません。

　逆に、上手くコミュニケーションが取れていない場合、広報担当者は自社の何を広報すれば良いのかさえ的確に理解できていない可能性があります。もちろん、有用な情報提供ができない広報担当者はメディアと適切なリレーションを築くことも出来ません。何をしたらいいのか分からないのに経営者と必要なコミュニケーションが取れない担当者は、どんどん悪循環に陥って疲弊します。

　小さな会社の広報活動の成功は、経営者がコミットメントしているかどうかがカギを握っていると言っても過言ではありません。

　以上が広報部立ち上げに必要な5つの条件です。この5つの条件がすべてクリアになった時点が本格的な広報活動の開始、広報部立ち上げのベストタイミングといえます。

# 広報部立ち上げ期に最適な組織とは

　小さな会社が広報部を置くようになるはるか前から、大手上場企業には何十人もの担当者が在籍する広報部がありました。かつて、そうした広報部門の多くは、経営企画部門や管理部門に紐づく存在でした。

　インターネットの浸透前で広報活動の手段が限られていた時代、すでに会社や商品に十分な知名度がある大企業では、自社の知名度を高めるための「攻めの広報」よりも、すでに確立されたブランドを守ったり、企業の社会的責任を果たすための情報発信や危機管理広報などの「守りの広報」を重視していました。

　そのため、自社に関する情報を適切に管理する意味で管理部門に所属することがあったのだと考えられます。今では、広報部門が管理部門の一部として業務をすることは少なくなっているように感じます。

　一方、広報活動の手段が限られていた時代、小さな会社には広報部が存在せず、総務や秘書部門の担当者が片手間で対応することも少なくありませんでした。

　そうした時代を経て、最近では創業当初から広報部を置くスタートアップも出てきており、広報組織のあり方は大きく変化してきました。まだ組織が小さい会社では、経営への影響力の大きさを考慮して広報部門を経営直轄の部門にすることも多いです。

【小さな会社の広報組織のパターン例】
　1. 経営 ― 広報
　2. 経営 ― マーケティング・広報
　3. 経営 ― マーケティング ― 広報　or　広報 ― マーケティング
　4. 経営 ― 経営企画 ― マーケティング・広報
　5. 経営 ― 経営企画 ― 広報　　　　　　　　など

ここ最近、新たに広報部を立ち上げる小さな会社の広報組織には次のようなパターンが挙げられます。

・経営直轄の部門として設置

　小さな会社の広報部の組織形態で最も多いのは、経営直轄で広報部があるパターンです。広報部が他部門の配下に入る場合、経営陣と広報担当者の距離が離れるというデメリットがあるためです。

　経営直轄であれば、広報担当者は社長と毎週ミーティングを行うなど密にコミュニケーションを取りながら、事業の進捗をつぶさに把握し、リアルタイムに的確な広報戦略、施策を練ることができます。またさきほども説明した通り、すぐに経営判断が得られることで、スピーディーかつダイナミックに広報活動を進めやすくなります。

　経営者自らがメディアと良い関係性を築くためにトップ広報を行う企業もあります。メディア側には、新しいビジネスを創出した人物（起業家）に話を聞きたいというニーズがあるので小さな会社の広報手段としても有効です。

・マーケティング部門との連携を重視

　かつては管理部門や経営企画などと繋がりが強かった広報部門ですが、今ではマーケティング部門との連携を重視する企業が増えています。

　創業したての会社や広報部を作りたての会社の広報活動は、築き上げたブランドを守るのではなく、新たに会社や商品を知ってもらうための「攻めの広報」です。この場合、広報活動とマーケティング活動を上手く連携させ、両方の活動の相乗効果でステークホルダーとの関係構築から、商品サービスの認知、理解促進、商品、サービスの売上向上までを戦略的に目指す方が効率的です。そのため、両部門の距離が近いことに

大きなメリットがあるのです。

　こうした背景があって、広報部門とマーケティング部門を同じ責任者が統括していたり、部門が分かれていたとしても密にコミュニケーションを取りながら活動することが多くなっています。

　また、会社によっては、【パターン例】の3のように広報部門がマーケティング部門の上に立つ組織とマーケティング部門が広報部門の上に立つ組織があります。これは、その会社が「売上」と「ステークホルダーとの関係構築」のどちらに重点を置いているのかを考慮して決まることが多いようです。

　会社としてマーケティングの優先度が高く、その活動を補完する部門として広報部を位置づけようとする会社はマーケティング部の下に広報部を置きます。一方で、自社が発信するメッセージを統一してステークホルダーに伝えることを最重要視したい会社は、広報部門の下にマーケティング部門を置いています。自社の商品・サービスがすでに市場に受け入れられているか否かなど、会社のステージや経営者の考え方によって異なります。

　【パターン例】の4、5はある程度組織が大きくなってくると見られる形態です。一般的に会社の規模が大きくなるほど組織の階層は増えます。ただし、経営陣と広報部門の距離の近さを重視して、ある程度組織が大きくなっても経営直轄にしている会社もあります。
　大企業でも、NTTは2023年に「CXを軸としたグローバルでのマーケ

ティングやプロモーション等の強化に向け、広報室を経営企画部門から独立させ、社長直轄組織である広報部門として設置」（NTTプレスリリースより）すると発表があり、広報部門が経営直轄の組織に再編されました。

# 立ち上げ期の広報戦略

　初めて広報部を作る会社で、広報部を作った後いきなり広報担当者の担当業務を決めるケースを見かけます。さきほども触れましたが自社の経営と連動した広報活動というよりは、単純に広報部とはメディア対応をする部署という認識で、担当者の経験やスキル、キャパシティなどをもとに担当業務を決めてしまうのです。

　しかし、このように広報部の業務を決めてしまうと、何度もお伝えしている通り、広報部が「すべき」活動ではなく、「できる」活動になってしまいます。はっきりとした広報活動の目的がない中でメディアとリレーションを築こうとすると、「会社としてどんな内容を、どのように取り上げてもらいたいか（もらうべきか）」ではなく、「どうすればメディアに取材されるか」発想の活動に進みがちです。
　こうした事態を避けるためにも、まずは自社の経営戦略を踏まえて、自社に合った広報活動の目的を明確化することからスタートします。

## 経営戦略から逆算した 広報活動の目的設定

　自社の経営戦略から逆算して、自社に合った広報活動の目的を設定するための基本的な考え方を紹介します。これが唯一無二の考え方という訳ではありません。各社が置かれた状況を踏まえつつ、最後に紹介する他社事例も参考にしながら自社に合った方法を考える参考にしていただければと思います。

　また、小さな会社の広報活動において、最初から必要な情報やリソースが全て揃っていることはほとんどありません。広報活動の目的も含め全ての情報が完璧に明確になるまで広報活動をしないという訳ではなく、早いサイクルでPDCAを回しながら何が自社にとっての正解かを走りながら見つけていくやり方をお勧めします。

　経営戦略から逆算した広報活動の目的の設定は、下記の通りのステップで考えます。

## 経営戦略から逆算した 「広報活動の目的」設定ステップ

　どんな会社にも、自社のビジネス活動を通して実現したい最終的な目標（KGI）とその目標を達成するためのKPI、それを達成するために乗り越えなければならない課題があります。それらを踏まえて、各社に合った広報活動の目的を設定します。

　自社に合った広報活動の目的を設定するためには、まずは経営上の目標や課題を広報担当者がしっかり把握する必要があります。こうした内容は、特に新人広報担当者の場合、経営者にゼロからヒアリングすることはハードルが高いため、経営者側から広報担当者が理解できるように伝えていくことが重要です。

　次に、分かりやすく架空の会社を例に挙げて具体的に説明します。

---

【急成長中の決済サービスを提供する設立5年目の架空スタートアップA社の場合】

■A社のミッション、経営上の目標
ミッション：「Fintechで新しい日常をつくる」
・顧客、社会からの高い信頼を得て、今後3年以内にフィンテック

---

業界のリーディングカンパニーになる
・最先端の技術力をもとに日常生活をアップデートするようなサービスを提供する企業になる

■上記KGI達成のためのKPI
→1年後、自社が強みを持つXX技術を活用した決済の新サービスをローンチ
→1年以内に資金調達を実施
→2年以内に大手上場企業を含む顧客数を100社以上に増やす
→3年以内に社員数を2倍にする

■A社の経営上の課題
・金融市場への新規参入のため知名度と信用度が低い。顧客のサービス選択においては、企業としての安定性、信頼性が特に重視される業界のため、会社やサービスの知名度を上げるとともに信頼性の高さを理解してもらう必要がある

・初期的に特定業界に特化して顧客を獲得してきたため、その他の業界にサービスの強みや特徴を理解してもらえていない

・BtoBのコアなサービスを提供する会社であり、一般消費者に名前が知られておらず採用難易度が高い

・会社設立から数年で大きく右肩上がりの成長を実現できているが、その分業務量が増え続けており離職率が高まっている

■A社の広報活動の目的

・業界（関係企業・団体）、顧客、潜在顧客への自社＆自社サービスの認知、理解、および信頼性の向上を図る

→単純に会社、サービス名を知ってもらうのではなく、自社の価値観（社会貢献への想い）と強み（技術力）を正しく理解してもらう

→上記の活動の結果、売上にもつながるように後押しをする

・資金調達の達成を後押しする

・採用ターゲットに自社の存在を知ってもらい、就職・転職意向度を上げる

・社員の会社に対するエンゲージメントを向上させる


■202X年上期 広報担当 山田さんの業務目標


1．定性目標１：

・サービス業界（今期の営業注力領域）の顧客への情報発信の量と質の向上

・サービス業界の専門媒体とのリレーション構築


2．定量目標：

・サービス業界の顧客支援に関するプレスリリース配信（２本／半期）、広報部からメディアへの取材提案（自社の提供価値が伝わる文脈での取材）（５本／半期）、メディア掲載数（20本／半期）

・メディアキャラバン（１回／半期）

・サービスページのPV（目標：1000）、ホワイトペーパーダウン

ロード数（目標：20）※メディア掲載から自社HPへの流入増を
目指すための目標

3．定性目標2：

・採用広報用ブログの立ち上げ、月2本記事を執筆・掲載できる体
制の構築

4．定性目標3：

・来期の社内向けメルマガの立ち上げに向けて社内ヒアリングを実
施

など

※例としてさまざまな指標を載せており、業務量の妥当性は考慮し
ていません。

　以上、経営上の目標や課題、そこから逆算した広報活動の目的、目的
を踏まえた業務目標の例でした。いずれも内容は会社のステージや規
模、経営者の考え方などによってさまざまなパターンがあり得ます。ど
の範囲までを業務目標として盛り込むか、どこまで定量的に評価をする
のかなど、各社ごとの正解があるはずです。

　最も大切なことは、広報活動の目的をしっかりと経営戦略とリンクさ
せて考えることです。広報に限らずどんな活動でも、成果を出すために
は「何が達成できれば成果が出たと言えるのか」を明確にして前に進む

必要があります。進む方向がはっきりしていれば、それに対して今なんのリソースが足りていないのか、どう工夫すればその課題が解決できそうかを考えることができます。

逆に、広報業務を"広報担当者ができそうな活動"にすると、広報活動の内容をブラッシュアップすることが非常に困難になります。

このように広報活動は、経営者と広報担当者が膝を突き合わせて会社の経営上の目標、課題を共有し、その目標達成、あるいは課題解決のために広報部としては何ができるか？　何をすべきか？　を考えることから始まります。

広報部を立ち上げる前に必要となる「5つの条件」で、企業トップのコミットメントが何より重要とお話しした意味が伝わったかと思います。

そして、この広報活動の目的は、会社の成長や停滞などによって経営戦略が変わるのに合わせ、一定の期間を置いて見直す必要があります。会社を立ち上げたばかりで事業環境の変化が激しい場合は細かに見直し、逆に安定している会社では半年から年単位で考えることをおすすめします。

ここまで、経営戦略から逆算した広報活動の目的や広報業務の考え方について解説しましたが、この考え方はごく当たり前のことです。しかし、筆者の経験上、小さな会社が「できること」からはじめた広報活動

は、ここにたどり着くまでに不必要に時間がかかってしまっています。本書の読者の皆さんには、最初のステップからスムーズに広報活動を進めていただきたいと思います。

## 目的達成のための広報施策の考え方

　経営戦略から逆算して適切な広報活動の目的を考えることは、経営者や事業責任者などの立場にある方にはイメージしやすいと思います。

　しかし、具体的にどんな広報施策を実施すれば、自社の広報活動の目的が達成できるのかはイメージがしにくいかもしれません。広報活動の目的を達成するための具体的な広報施策の考え方について 2 つのパターンに分けて説明します。

【パターン①】
広報部による情報発信で直接的に「広報活動の目的」達成を後押しできること

（広報活動の目的・例）
・決済領域のリーディングカンパニーとして認知される

（広報施策の考え方）

目的達成を後押しする広報施策を企画・実行する


（施策・例）

・決済領域に関わる自社サービスについての積極的なプレスリリース発表（ローンチ、アップデート、導入事例 etc.）

・フィンテックの専門媒体向けに決済領域の動向解説を寄稿する（専門家として代表が寄稿することで自社の専門性の高さを知ってもらう）

・自社サービスについて専門媒体、経済媒体に取材してもらう

など


【パターン②】

・広報部からの情報発信では直接的に「広報活動の目的」達成を後押しできないこと


（広報活動の目的・例）

・資金調達の達成を後押しする


（広報施策の考え方）

→「関係するステークホルダーに会社や商品・サービスがどのような状態だと理解されていれば目的を達成できるのか」を考え、その状態の実現を後押しする広報施策を企画・実行する

（「資金調達」を達成しやすい会社、商品・サービスの状態・例）

→顧客が右肩上がりで獲得できている（将来的な拡張性、成長性の
　高さが伝わる）

→大手メディアからの注目度が高い（第三者からも会社の将来性に
　ついて注目、期待されている）

→業界内での評判がよい

など


（施策・例）

・大手企業からの受注、サービス導入数が前年比200％増など成長
　性を伝えるプレスリリースの発表

・導入事例インタビュー（自社サービスの導入によって大きな成果
　を出した顧客をメディアに取材してもらう、潜在顧客向けホワイ
　トペーパーを作成する）

・業界の代表的なイベントへの登壇

など

　パターン①に関しては、目的と目的達成のための広報施策が直接繋がっているので現場の広報担当者も広報施策を企画、実行しやすいはずです。一方でパターン②の場合は、まず「目的を達成できる会社、商品・サービスの状態」がどのような状態なのかを経営者が言語化し、広報担当者に伝えた上で、どのような広報活動を行うかコンセンサスを得る必要があります。そうすることで広報担当者は広報活動ですべきことが明確になり、広報施策に落とし込むことが出来るようになります。

一方で言語化されておらず経営者と広報担当者の間でコンセンサスが得られていない場合、広報担当者はこのパターンの広報活動では何をすれば良いのかが不明瞭になって適切に動けません。

　経営戦略から逆算した広報活動の目的を設定し、具体的な施策に落とし込むために必要な認識合わせを行い、具体的な業務目標、各施策を決めていくという流れになります。
　この流れを理解した上で、一般的に活用されているさまざまな広報施策の種類を使いこなせるようになると幅広い広報活動がスムーズにできるようになります。広報施策の種類やそれを実施するための方法については、第4章の「広報部の業務」で解説します。

---

**事例**

# Sansanの広報戦略の考え方、ロードマップ

| 会社名 | Sansan株式会社 |
|---|---|
| 事業内容 | 働き方を変えるDXサービスの企画・開発・販売。主なサービスとして、営業DXサービス「Sansan」やキャリアプロフィール「Eight」、インボイス管理サービス「Bill One」、契約DXサービス「Contract One」を国内外で提供 |
| 広報組織体制 | CCOが所管するコーポレートコミュニケーション室傘下／企業広報グループ（専任2名）・プロダクト広報グループ（専任5名） |
| 取材先部門の名称 | コーポレートコミュニケーション室 |

　Sansanは、2007年に創業した企業です。創業当時からクラウド名刺管理サービスを提供していましたが、現在では「営業DXサービス」へとプロダクトの定義をアップデートし、さらなる進化を遂げています。このほか、インボイス管理サービス「Bill One」、契約DXサービス「Contract One」などの新サービスも積極的に発表し、事業成長を続けています。

　Sansanのコーポレートコミュニケーション室のミッション（広報活動の目的）は、各事業がスピード感を持って成長できるように「PR文脈」で後押しすることです。コミュニケーション戦略を四半期単位で見直

し、各事業部に各広報施策を提案しながら広報活動を進めています。

　PR文脈で後押しするというのは、例えば、Sansanが広報するある分野に関して、「現在の社会の論調は『〇〇』で、他社は『〇〇』という打ち出し方をしている。それを踏まえて当社では向こう3ヶ月で市場や潜在顧客からプロダクトが『〇〇』だという認知・理解を得たい。だから今はこの広報施策に注力する」といった方法で広報施策を考えるということです。

　四半期の最初に大きな方向性をすり合せた後、広報部と各部門との毎週の定例ミーティングなどで各事業部の動きを把握します。新機能発表などがある際には、情報発信の企画段階から広報部が入って記者発表会の準備やプレスリリース作成などをタイミング良く進めます。広報部が施策を考える際は、会社の動きに合わせながら、また各施策の相乗効果を最大化させるために内容と時期をロードマップで管理しています。


　上記の進め方をするにあたり、同社では以下のような社内資料を作成しています。次ページの例は、法改正を絡めたコミュニケーション施策を検討していた際の資料の一部です。法改正という時流を踏まえながら、同社プロダクトの独自性をどのように伝えるのかPR文脈を設計しています。大きな方向性は持ちつつも、具体的な施策を四半期に一度見直すことによって適切な訴求を実現し、プロダクトの認知・理解の向上、それに伴う売上貢献の最大化を狙っているのです。

　経営戦略を踏まえたプロダクトPRの課題、目的、それを踏まえた施策立案。各施策の相乗効果を踏まえて、どの時期に何をするのかが簡潔に整理されています。

　また、各社の広報部の業務目標や各施策の考え方・決め方について

【情報発信ロードマップ】（イメージ）

インボイス制度対応ならBill One

| | 1月 | 2月 | 3月 |
|---|---|---|---|
| プレスリリース | ・法改正対応機能の発表 | ・マーケティングキャンペーン実施<br>・業界向け講演 | ・○○機能の導入企業紹介 |
| 調査 | ・法改正の認知度調査 | | ・新制度への企業の対応状況調査 |
| メディアプロモート | ・法改正対応機能について業界誌取材 | ・経済新聞トップインタビュー | ・法改正の影響についてトップインタビュー |
| Sansan公式note | ・新機能開発担当Aさん取材（開発背景） | ・営業担当Bさん取材（顧客、市場の声） | |

出所：Sansan社資料をもとに筆者が作成

は、第6章「他社ではどんな風に評価しているのか？」で紹介している企業の業務目標とその評価方法の事例も本項目の参考になりますので併せてご覧ください。

　ここまで広報活動の目的、施策の考え方について解説してきました。最後に、広報活動をするすべての人が心に留めておくべき注意点をお伝えします。それは、これまでの説明からも分かる通り、広報活動だけによって、サービスや会社の状態を"よく見せかける"ことはできないということです。

# 「会社を良く見せかける」のは広報ではない

　広報活動は常に事業の実績と両輪で機能します。実際には上手くいっていない事業やサービスを広報活動によってよく見せかけることはできませんし、すべきでもありません。

　会社や事業の状態を「正しく伝える」、実績や価値が「分かりやすいように工夫して伝える」ことは広報活動ですが、ありもしない実態を「物は言いようで良いように見せかける」のはただの嘘です。広報活動に熱心に取り組み、工夫を重ねるうちにこの"境界が曖昧になる瞬間"を見かけます。企業の状態が良いときも悪いときも、粘り強く情報発信を続け、事業活動と広報活動の両輪で会社の成長を実現させていただきたいと思います。

　繰り返しになりますが、前提として広報活動とは自社や自社商品・サービスの姿を正しく知ってもらう、理解してもらうことなどを通して、中長期的にステークホルダーと良好な関係を築く活動です。そこで培った良好な関係性や信頼の土台の上に、顧客獲得、売上向上などを含むさまざまなメリットが得られるものなので、一つの施策で手っ取り早く何かの結果（売上アップなど）を得ようとする発想は意味がありません。

# 第 **4** 章

## 広報部の業務

# 小さな会社の広報業務とは

　リソースが限られる小さな会社の広報業務は、自社にとってより重要度や優先度が高いステークホルダー向けの情報発信から始まります。一般的には、以下のような業務を優先的に行う企業が多いです。

## ｜社外広報

【メディアリレーションズ】
関係する主なステークホルダー：メディア、幅広いステークホルダー(顧客・潜在顧客、協力会社、業界関連企業・人、ベンチャーキャピタル、投資家など)
主な活動内容：自社を取材してもらうための活動など、メディアとの良好な関係性作り
活動の目的：メディア露出を通して、各ステークホルダーに会社や商品、サービスを認知、理解してもらったり、信頼を獲得したりすること

【採用広報】
関係する主なステークホルダー：求職者、社員
主な活動内容：メディアや採用広報プラットフォーム（note、Wantedly）、自社HPなどを通した求職者向けの情報発信

> 活動の目的：求職者に就職、転職先の候補として自社を認知しても
> らうことや志望意向度を高めてもらうこと

## 2 社内広報

> 【社内コミュニケーション】
> 関係する主なステークホルダー：社員、社員の家族
> 主な活動内容：広報誌や社内イベント、表彰制度などの企画、運用
> 活動の目的：施策を通して社員に会社の価値観や目標を理解しても
> らって、同じ方向に向かって進んでもらうこと。会社に対するエン
> ゲージメントを高めてもらうこと

　自社の「広報活動の目的」を踏まえ、人材や予算などのリソースに合わせて優先順位をつけて広報部の業務を決めていきます。今挙げたものの他にも、特に自社にとって関係構築の優先度が高いステークホルダーがいれば、そのための情報発信も検討します。例えば、資金調達を視野に入れた投資家向けの情報発信や行政などとの連携を目指すパブリックアフェアーズなどがあります。

　広報といえば、社外広報に注目が集まりがちですが、筆者の長い企業広報の経験から言えば、自社に特有の文化を醸成し、社員の意識や行動を変える社内広報の効果は見逃せません。社員が一定数を超えたら取り組むことをお勧めします。ここからメディアリレーションズ、採用広報、社内広報の順に具体的な手法を解説します。

# 小さな会社の「メディアリレーションズ」

　まずメディアリレーションズの業務を始めるにあたり、理解しておくべき4大マスメディア（新聞、テレビ、雑誌、ラジオ）、Webメディアの基礎知識についてお話しします。これらのメディアは、それぞれ異なる特徴と役割を持っており、メディアとの関係構築を始める前にその違いを理解しておく必要があります。

## 【4大マスメディアの特徴】

| メディア | 特徴 |
|---|---|
| 新聞 | ・社会的信頼度が高く、広く受け入れられている媒体<br>・全国紙、ブロック紙、地方紙などに分類される<br>・さまざまな領域ごとに専門紙が存在する<br>・電子版が普及し、スマートフォンやタブレットでも購読可能 |
| テレビ | ・映像や音声で視聴者に強いインパクトを与えることができる<br>・NHKと民放に分類され、さらに民放は複数の放送局に分かれる<br>・インターネット視聴が可能な民放公式テレビポータルサイトが登場 |
| 雑誌 | ・定期的に発行される刊行物で、月刊や週刊、季刊などがある<br>・専門雑誌、娯楽雑誌、総合雑誌など様々な分類があり、読者ターゲットが明確<br>・年齢層や性別による分類も可能<br>・電子版も存在する |
| ラジオ | ・大衆向けの媒体で、音声だけで情報を伝える。「ながら聴取」が多い<br>・テレビに比べて訴求力は低いが、固定層のリスナーを狙った広報が可能<br>・インターネット音声サービスの普及により、地域に関係なく聴取可能 |

　メディアリレーションズの業務で大切なことは、4大マスメディア、Webメディアそれぞれの基本的な構造を学び、さらにそのなかの個別

メディアの特徴（読者層、取材テーマ、記事構成など）をしっかりと理解した
上で各メディアと適切な関係を築くことです。

　特に現代のメディア環境においては、すでに紙媒体よりもインター
ネット上で情報を取得する人が多くなっており、インターネットを通じ
た情報発信の重要性が増しています。

**【Webメディアの特徴】**

| | |
|---|---|
| Webメディア | ・インターネット上の情報発信媒体で、社会的影響力が急速に高まっている<br>・情報の発信源として自社が作成した記事を掲載する一次メディアと一次メディアの情報を配信する二次メディア（Yahoo!ニュースなど）がある<br>・更新頻度が高く、テキスト・画像・映像・音声など多様な表現手段が可能<br>・アクセス数や閲覧時間などのデータ分析により、効果測定が容易 |

　Webメディアの中には、第2章で述べた「Yahooニュース」のように
多くの国民が読む巨大メディアもありますが、"企業のIT担当者向けメ
ディア"のようにニッチなターゲットに対して深い情報発信をすること
を得意とするメディアも多数存在します。

　特にBtoBの小さな会社が、全国ニュースを扱うTV番組や全国紙に
取り上げてもらうのは至難の業です。しかし、自社の専門領域と関連す
るWebの専門メディアであれば取材の可能性は格段に高くなります。
これはインターネットの普及でメディアが増えたことの恩恵で、小さな
会社にとって朗報です。

　このインターネットの普及は、日本のメディア勢力図に大きな変化を
もたらしてきました。これまで、日本の4大マスメディアの中で特に絶

大な影響力を誇ってきたのはTVですが、その状況が少しずつ変化しています。

電通が毎年発表している「日本の広告費」の推移を見ると、2021年に初めてインターネット広告費が4大マスメディアの総広告費を上回り、その後も右肩上がりの成長を続けています。広告はより多くの人の目に触れる場所に出すのが自然ですから、ここからもインターネット媒体の普及と生活者のTV離れが分かります。

しかし、だからTVに出る意味がないという訳ではもちろんありません。TVにはTVの「広く、多くの人々に一斉に情報が届けられる」という特有の強みがあり、広報活動においてとても重要なメディアです。時には、情報番組などと相性が良い商材がTVでたくさん取り上げられて、社会的なブームを巻き起こすこともあります。

一方で、「小さな会社だからTVには出られない」「TVに出られないから広報活動をしても意味がない」という考え方も間違いです。確かに、全国放送のTV番組に取り上げられれば、ニッチなWebメディアに取り上げられるよりも多くの人の目に情報が触れます。

しかし、これまでもお伝えしている通り、広報施策の成果は「目的をどれだけ達成できたか」で測るものです。広報活動の目的によっては、老若男女が見るTV番組よりも自社の顧客層が読んでいる専門メディアに露出した方が、より効果的ということもあります。

　必ずしも影響力の大きいTV番組や全国紙に出ることだけが広報活動のゴールではありません。メディアの特性を理解して、目的に合わせたアプローチをする必要があるということです。

　自社の広報活動の目的に照らして、どのメディアとの関係構築の優先順位が高いのかを考え、「メディア理解」を踏まえた上でそのメディアが求めている情報を提供することで、特に小さな会社に重要な「攻めの広報」活動を行うことができます。

# メディアリレーションズの 4つの必須アイテム

　ここからは、ゼロからメディアと良好なリレーションを構築するための具体的なステップを説明します。メディアリレーションズの業務を始める際には、まずメディアとの関係構築やコンタクト履歴などの管理に必要な4つの必須アイテムを準備します。これらのアイテムを作成する過程で自社の広報活動に必要な情報を整理することができるので、ぜひこのアイテム作りから始めてみてください。

# アイテム（1）メディアリスト
## （ダウンロード資料：メディアリストフォーマット）

　報道機関やジャーナリストの情報をリストアップしたものです。自社がすでに関係構築できているメディアやターゲットとしたいメディアなどをまとめます。個別メディアとの過去のコミュニケーション履歴をこのリストで管理する企業もあります。広報にとっての営業リストと似たものです。

## 【メディアリストの作成ステップ】

### 1. ターゲットメディアの選定

　自社の「広報活動の目的」を踏まえて、テレビ、新聞、雑誌、ラジオ、Webメディア、個人ジャーナリストなどの中から関係構築の優先度が高いメディアを個別に洗い出します。全国紙、TV番組など影響力が大きいマスメディア、業界専門メディア、その時々の広報活動の注力領域に関係するメディア（資金調達に関する専門メディア、ターゲット顧客の業界メディア、地方メディアなど）を探します。

　インターネットを活用して専門メディアを見つける方法としては、自社の業界（例えばIT、飲食、不動産など）と複数のキーワード（例えば「メディア」や「リスト」など）を組み合わせて検索する方法があります。また、競合他社のHPを確認して掲載されているメディアをターゲットメディア

に加えることもできます。このほか、メディアに関する情報をまとめた
『広報・マスコミハンドブック PR手帳』を参照することも有用です。
これは公益社団法人日本パブリックリレーションズ協会が毎年発行して
おり、さまざまなメディア情報が記載されています。これらの方法を組
み合わせることで、自社に適したメディアを見つけることができます。

## 2．リストの作成

　収集した情報をもとに自社専用のメディアリストを作成します。会社
名、メディア名、取り上げられたいコーナー名、担当者名、電話番号、
住所、メールアドレスなどが一覧になるよう整理します。特集内容や担
当者など、メディアの情報は変化しますので定期的に確認と更新を行い
ましょう。

### 【メディアリストのイメージ例】

| No. | 媒体区分 | 媒体名 | 媒体社 | 部署 | 肩書 | 担当者 | 携帯電話 | 電話番号 | FAX | メールアドレス | 問い合わせフォーム共有アドレス |
|---|---|---|---|---|---|---|---|---|---|---|---|
| 0 | 新聞 | ○○経済新聞 | ○○経済新聞社 | XX報道部 | 記者 | ○○○○ | 000-0000-0000 | 03-0000-0000 | 03-0000-0000 | xxx.xxx@xxx.jp.com | URL:XXX |

　また、メディア選定やメディアリスト作成に必要なメディア研究の方
法は以下の通りです。

### 【メディア研究の方法】

・媒体資料を読む
　新聞や雑誌、Webメディアなどの各メディアは一般的に「媒体資料」
（メディアの概要、広告メニューなどをまとめた資料）を公開しており、メディア

のコンセプトや読者層、記事構成などをまとめて知ることができます。インターネット検索（「メディア名、媒体資料」で検索）で簡単に見つけることができます。

・該当するメディアを読む／見る

　実際の過去記事や番組を確認し、メディアの読者層・視聴者層が自社のターゲットと一致するか、自社の製品やサービスに関連性があるか、自社のメッセージがそのメディアのコンセプトに合致するかなどを確認します。さらに、取り上げられたいコーナー名や、分かるようであればコーナーの担当者名、連絡先（電話番号、住所、メールアドレス、SNSなど）を確認します。自社に関連が深い分野の担当者が分かれば、今後の情報提供の参考にするために担当した過去記事などを把握しておくと役立ちます。また、その担当者のSNSをフォローしておくと、その方が今関心のあるテーマやトピックをリアルタイムに知ることができます。

# アイテム（2）ファクトブック
## （ダウンロード資料：ファクトブックフォーマット）

　広報がメディアに伝えたい企業情報をまとめたものがファクトブックです。メディア関係者に会社紹介をする際などに使用するもので、自社を理解してもらうための基礎資料となります。ファクトブックのポイントは、企業概要の紹介に留めるのではなく自社の強みや魅力が具体的に

伝わる資料にすることです。会社の概要、強みが一覧できる資料なので、イベントやカンファレンスなど様々な場面でも活用できます。

　説明相手の理解度などを考慮した上で、業界に詳しくない人でも自社がどれほど業界の中で秀でた存在なのか、技術に強みがあるのかなどが分かるように記載します。毎年決まった時期に更新し、常に最新情報を載せましょう。

　また、ファクトブックの最後に自社が今メディアに提供できる情報（顧客事例、社長や社員が話せる／寄稿できるトピックなど）を「人物プロフィールシート」（ダウンロード資料：人物プロフィールシート）として載せておくことで、メディアへの取材提案にも使えます。

---

**【ファクトブックに記載する情報例】**

・経営陣、組織
経営陣のプロフィールや組織構造の紹介

・企業の存在意義、価値観（ミッション、ビジョンなど）
企業が追求している価値や社会への貢献を伝える

・企業の歴史
成長性が伝わるように受賞歴なども含めて企業の沿革を記載

・事業内容、強み

---

事業内容や各商品、サービスの詳細のほか、業界における自社の位置づけ、独自技術、特許情報、どのように社会課題を解決しているのかなど、優位性や競争力、特長を示す

・顧客情報、成功事例
顧客名や自社商品、サービスの導入実績、顧客の声などを紹介することで、製品やサービスの効果や満足度の高さを示す

・売上情報など
最新の財務情報（売上高、利益、従業員数など）を記載することで、企業の経済的な健全性や成長性を示す

・社会的責任（ESG）
環境、社会に対する企業の活動や考え方などを示す

# アイテム（3）プレスリリース

　プレスリリースとは、企業や団体が報道機関に対して発信する公式文書です。その内容は、新製品の発表、業績の報告、新たな取り組みや計画の発表、導入事例など、企業活動に関する様々な情報があります。企

業として報道機関向けにオフィシャルの情報発信ができるように、早め
にプレスリリースが配信できる体制を整えましょう。

　自社用のプレスリリースの基本フォーマットを用意したり、プレスリ
リース配信サービスと契約して広く多くのメディアに情報が届くように
したりします。この情報をもとに取材が入ったり、Webメディアが
ニュース記事を作成することで一般の人に自社の情報が伝わります。

　プレスリリース作成は広報部にとって最も重要かつ基本的な業務のた
め、詳しい作成、配信方法について後ほどまとめて解説します。

# アイテム（4）プレスキット

　取材時などにメディアから求められることの多い、企業ロゴ、高解像
度の商品画像、経営陣の写真や経歴、最新のプレスリリースなどをまと
めた資料セットです。取材のニーズが増えてきたら、メディアが自分で
HPなどからダウンロードできる仕組みを提供すると喜ばれます。

【プレスキットのコンテンツ例】

・企業情報・問い合わせ先
企業の基本情報（所在地、電話番号、ウェブサイトURLなど）と、
報道関係者向けの問い合わせ先（通常は広報担当者）

・ロゴ・画像素材
メディアが記事や報道で使用できる企業ロゴ、商品などの高解像度
の画像素材

・事業・サービスの紹介文
事業内容、商品、サービスの概要を簡潔に説明する文書

・役員の経歴・紹介文
経営幹部のプロフィール、事業に対する想いの紹介文など

・プレスリリース一覧
過去のプレスリリースが一覧できるリンクなど

・メディア掲載実績
これまで掲載されたメディアのリンクなど

　最初に必要となる4つのアイテムが整ったら、いよいよメディアとの
繋がり作りをスタートします。メディアにアプローチする方法はさまざ

まなものがありますが、代表的な方法は次の通りです。

## メディアアプローチ手法
## （1）プレスリリースの作成、配信

　さきほども書いた通り、プレスリリースは企業や団体が報道機関に対して発信する公式文書です。経営や事業、商品サービスなど企業に関わるさまざまな動きについて、未発表の情報を開示する目的で発信します。企業がメディアに向けて情報発信を行う最も基本的な方法です。報道機関向けに発信するだけでなく、HP掲載などを通して広くさまざまなステークホルダーにも情報を届けることができます。

　プレスリリースで発表する内容は、経営戦略から逆算した広報活動の目的に沿って選びますが、一般的に発表される内容は、経営情報（事業、決算、提携・合併、人事など）、商品・サービス情報（新商品、販売、販促）、技術情報（研究開発、新技術）、その他（社会貢献、地域活動、周年事業、告知、調査リリース）など多岐にわたります。詳細は、以下の図をご参照ください。

【プレスリリースで発表する内容・例】

| コーポレート | （内容） | （例） |
|---|---|---|
| | 経営 | 子会社設立、海外支社設立 |
| | 総務・人事情報 | 役員交代、オフィス移転、支社設立 |
| | 決算・資金調達・資金提携 | IR情報、増資 |
| | 企業間提携 | 業務提携、共同事業立ち上げ、協業 |
| | 社名・ロゴ変更 | 商標登録、サイトリニューアル |
| | CSR、ESG、SDG's | コロナ対策、持続可能な生産手法の周知 |
| | 社内制度・福利厚生制度 | 独自性のある休暇制度 |
| | 不祥事対応 | 逮捕者の公表 |
| | 誤情報の訂正 | 風評被害の是正 |
| | 報道見解発表 | マスコミの噂への回答 |
| | 企業・社員の外部表彰 | 日経の○○に選出、○○アワード受賞 |
| | 採用関連 | 採用HPオープン、イベント開催 |
| | 挨拶 | 年頭所感 |

| 事業サービス | （内容） | （例） |
|---|---|---|
| | 新規事業スタート | 新たに○○領域の事業をスタート |
| | 新商品・新サービスの発表 | 新製品リリース |
| | 機能追加、バージョンアップ | ○○機能を新たに搭載 |
| | コラボレーション | 共同開発 |
| | 販売、技術、サービスなど各種提携 | 販売代理店契約、システム連携、API連携 |
| | 導入事例 | 大手A社が導入、1,000社へ導入達成 |
| | 製品（導入）成果 | 導入により90%コストカット達成 |
| | 研究・実証実験開始、PJ発足 | B社と提携して○○技術の実証実験を開始 |

| 広報部企画告知など | （内容） | （例） |
|---|---|---|
| | 調査レポート | 業界のテレワーク実施率調査 |
| | ランキング作成 | 人気プログラミング言語ランキング |
| | （ハウツー・対策・ガイド・啓蒙レポート）※toCに向く | |
| | イベント告知展示会への出展 | ○○イベントに参加 |
| | イベントレポート | 展示会の反響 |
| | キャンペーン告知 | キャンペーン開始 |
| | イメージキャラクター就任 | タレント起用 |
| | CM放映・広告展開 | テレビCM開始 |

## 【プレスリリースの作成ステップ】

1. 情報収集 （ダウンロード資料：プレスリリースヒアリングシート）

　　プレスリリースの発表内容がすでに決まっている場合は、関連部署の

担当者などからプレスリリースに書くべき必要情報をヒアリングします。基本的なヒアリング内容はダウンロード資料を参考にしてください。一方、プレスリリースにして出すべき情報が会社の中に眠っていないかどうかのヒアリング方法は、第6章以降を参照して下さい。

### 2. プレスリリース発表の目的、目指す成果を明確にする

例えば、「自社の新たな顧客ターゲットである流通業界の企業にサービスローンチとサービスの特徴について認知、理解してもらう。そのために流通業界の専門メディアで記事化を目指す」など、目的と目指す成果を明確にして、プレスリリースでアプローチするメディアを選択したり、プレスリリースの営業現場での活用などについて考えます。

### 3. プレスリリース内容の整理

プレスリリースで伝える内容を決めます。メディアで記事にしてもらうことを目指すのであれば、プレスリリースには自社の言いたいことだけを記載するのではなく、内容がメディアにとって伝える意義がある情報（読者が興味を持つ情報）になっている必要があります。メディアが取り上げやすい情報については、後述する【メディアが求める情報とは何か】を参考にしてください。

また、プレスリリースは報道機関向けに発表する公式文書だとお伝えしましたが、例外的に、イベント開催、執筆、登壇のお知らせなど、記事にはならなくとも会社がステークホルダーに伝えたいことをプレスリリースとして出す場合があります。その際は、メディア向けの配信はせずにHP掲載などにとどめることもあります。

## 4．プレスリリースの作成 （ダウンロード資料：プレスリリーステンプレート）

　プレスリリースには、タイトル、リード（要約）、本文、会社概要、連絡先情報を記載します。また、"5W1H"（誰が、何を、いつ、どこで、なぜ、どのように）を満たす内容が含まれていることが大切です。ダウンロード資料を参照しながら作成してみて下さい。

## 5．校正とフィードバック

　プレスリリースが完成したら、他の関係者に見てもらい、事実や表記に間違いがないか、分かりにくかったり、誤解を招く表現があったりしないか修正や改善を行います。

## 6．プレスリリースの配信

　プレスリリースは内容に合わせて配信するメディアを変える必要があります。世の中に大きな影響を与える経済関連の情報であれば新聞など大手経済メディア、自社サービスのユーザー層に知ってもらいたい情報は業界の専門メディア、などと判断していきます。メディアが求める情報は、そのメディアの読者が求める情報なので、自社がプレスリリースで情報を届けたい人がこの情報を読んで（見て）いそうなメディアはどこか、という視点で適切なメディアを探すことができます。

　また、プレスリリースの配信方法は以下の通り大きく分けて2種類あります。プレスリリースの配信プラットフォームを活用して一斉配信する方法と直接メディアのプレスリリース窓口や記者個人に送付する方法です。すべてのプレスリリースは同時に一斉配信することが基本です。

**・プレスリリース配信プラットフォームを活用**

「PRTIMES」など、プレスリリースを配信するための専門のプラット
フォームを利用します。プラットフォームごとに送れる先は異なります
が、広範なメディアやジャーナリスト、インフルエンサーなどのデータ
ベースを持っており、プレスリリースを一度に多くのメディアに配信す
ることが可能です。また、プラットフォームによっては、配信結果のト
ラッキングや成果の解析機能も提供されています。この方法の利点は、
大量のメディアに短時間でプレスリリースを配信でき、配信先を最大化
できる点です。一方、コストがかかったり、一部のメディアや個人は一
斉配信のプレスリリースをあえて避けることがあり、配信しても必ずし
も情報が届かない場合があります。

**・直接送付**

　多くのWebメディアでは、「お問い合わせ」欄などでプレスリリース
の送り先情報を公開しています。この情報を自社で集めて個別に送付す
ることができます。メディアが自社で設けている受付窓口ですので、プ
ラットフォームからの一斉配信よりも見られる可能性が高いと言えま
す。また、交流会や取材などの機会を通して記者個人の連絡先を聞い
て、個別にメールすることも有効です。この方法の利点は、送る情報に
よって対象となるメディアやジャーナリストを細かく選定でき、個々の
ニーズや関心に合わせたメッセージを添えて送ることが可能な点です。
一方で、一斉配信よりも圧倒的に手間と時間がかかります。

## 7. 成果の把握 （ダウンロード資料：クリッピングフォーマット）

　プレスリリースの成果を把握するために、どのメディアがプレスリリースをもとに記事を掲載したかを確認します。これをクリッピングと呼びます。その他、SNSでどのような反響があったかなどを確認して次回の配信に活かします。取材される機会がそれほど多くない場合は、プレスリリース発表時や取材されたタイミングで掲載確認すれば大丈夫です。プレスリリース発表時のWebメディアの掲載は、プレスリリースのタイトル（タイトル例：「A社がB社と○分野の技術に関する業務提携を実施」）の中からキーワードを抜き出してGoogle検索（「A社B社業務提携」で検索）などをすることで探せます。

## 【メディアが求める情報とは何か？】

　さきほど、メディアでプレスリリースの内容を記事にしてもらうためには、自社の言いたいことだけを記載するのではなく、内容がメディアにとって伝える意義がある情報（読者が興味を持つ情報）になっている必要があると述べました。どの会社でも、自社が世の中に伝えたいことだけを記載したプレスリリースを出すことは自由にできます。しかし、そうしたプレスリリースをメディアが記事にすることはなく、結果として多くの人の目に情報が触れることはありません。

　では、自社がプレスリリースを通してターゲットに伝えたい情報で、かつメディアにとっても読者に伝える意義のある情報とは具体的にどんな情報なのでしょうか？　これはプレスリリースに限らず、取材の提案をする時など、メディアに情報提供を行う際に必ず理解しておかなければならない基礎となる考え方です。

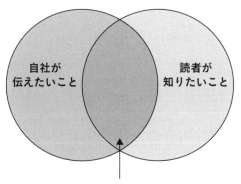

**重なる部分が、「自社がターゲットに伝えたい情報であり、
メディアにとっても読者に伝える意義のある情報」**

　プライム市場上場の大企業や誰もが名前を知っている有名企業であれ
ば、「新サービスを提供開始」という事実だけでもメディアの読者の関
心事であり、ニュース性（メディアが取り上げたくなる要素）があると言えま
す。しかし、まだ立ち上がったばかりの無名企業の新サービスなどは、
注目されないことの方が圧倒的に多いです。つまり、こうした無名の小
さな会社は、自社が発表しているプレスリリースの内容がメディアの読
者にとって重要な情報だと"説得"する必要があるのです。

　メディアに記事として扱ってもらうことを目指すなら、メディア側の
視点を考慮する必要があります。メディアが取り上げるのは、企業が言
いたいことではなく、メディアの読者が興味や関心を持つ情報、すなわ
ち読者のビジネスや生活に影響を与える情報と言えます。

　商品やサービスについてのプレスリリースなのであれば、商品やサー

ビスについての情報だけではなく、「メディアの読者のビジネスや生活にどのような影響を与えるのか」まで説明する必要があるのです。特に商品やサービスの内容が複雑で、読者にとって有用性が分かりにくいBtoB企業のプレスリリースでは一層丁寧な説明が重要となります。

　イメージをしやすいように例を挙げて説明します。問題を読み、自身であればどのような形で自社の発表内容にニュース性を持たせられそうか（読者のビジネスや生活に影響があると説得できるか）考えてみてください。

---

（問題）
あるスタートアップ企業が、新たな「オンライン請求書発行サービス」の提供を開始します。しかし、すでに似たようなサービスは世の中に複数あり、単純にその事実を伝えるだけではメディアの関心を引きにくいと考えられます。では、どのような要素を組み込むことで、メディアに興味を持ってもらいやすくなるのでしょうか？

---

（解答例）
・世の中の動きに発表タイミングを合わせる
提供開始のプレスリリース発表を関連する法改正に合わせるなど、社会的な動きやトレンドとの関連性を持たせることでニュース性を高める。

・大手企業との連携を同時に伝える
大手企業が自社サービスを導入したタイミングで「導入事例」と併せて発表することで、より情報のインパクトを大きくして関心を高

めやすくする。

・独自の調査データを活用する
あらかじめ請求書サービスの需要やトレンドに関する独自調査を
行って市場の課題を洗い出し、提供開始のプレスリリースではその
調査データを引用しながらいかに市場課題を解決するソリューショ
ンであるかを示して関心を高めやすくする。

　上記などがメディアの関心を高めるための考え方、方法例となりま
す。自社のサービスがどれだけ読者のビジネスや生活に関係するのか、
影響を与えるのかが伝わるようにプレスリリースの情報をまとめます。

　このように、メディア側が記事にすべき、取材すべきだと理解できる
内容をプレスリリースに盛り込んで発信することで、プレスリリースの
情報をニュースとして扱ってもらうことができ、第三者からの情報発信
を介してサービスの広報を行うことが可能となります。

　ここまで説明したなかで分かる通り、メディアへの情報発信において
は、広報担当者が自社の商品、サービスを理解するだけではなく、業界
についての基本的な知識を身につけたり、社会的な動きを把握して、社
会や業界における自社サービスの客観的な価値を正確に伝えられること
がとても重要です。こうした知識を的確に持つ広報担当者はメディア側
にも重宝され、信頼関係を築きやすくなります。

## メディアアプローチ手法
## （2）記者クラブ

　記者クラブは特定の業界、機関、または地域に関する報道を行う専門記者たちが集まる組織で、主に大手の新聞社、通信社、テレビ局などが加盟しています。各記者クラブが収集している情報に関連する内容であれば、企業からプレスリリースを送ることができます。例えば、特定地域向けのサービスに関するプレスリリースを出す時は、該当する地域の記者クラブに情報提供することができます。

　各記者クラブへの情報提供の方法にはそれぞれルールがあります。そのため情報提供をする前に早めに連絡を取り、確認することをお勧めします。各記者クラブやその連絡先はさきほど紹介した『広報・マスコミハンドブック PR手帳』やインターネット検索で見つけることができます。

# メディアアプローチ手法
# （3）メディアキャラバン

　メディアキャラバンとは、自社の商品やサービスを紹介することなど
を目的としてメディア関係者と直接対話する活動のことです。商品、
サービスなどについての説明やデモンストレーション、業界動向に関わ
る情報の提供などを通じて、自社について理解をしてもらったり、信頼
関係を築いたりします。メディア関係者とのつながりを深めることで、
将来的な取材機会の可能性を高めることができます。また、この機会を
利用して、自社が外部からどう見られているのかをヒアリングし、社内
にフィードバックすることもできます。

# メディアアプローチ手法
# （4）記者向けイベント

　企業や団体が新製品や新サービス、新たな経営方針、研究成果などに
ついて報道機関の記者を招いて詳しく説明するためのイベントです。開
催の目的に合わせて、対象者や開催規模、コンテンツを変えてさまざま
な形で実施することができます。

## 【企業が開催するメディア向けイベントの例】

・記者発表会：

　大型の新製品や重要な経営情報などを発表する比較的規模の大きなイベントです。メディアやジャーナリストに対して製品やサービスの特長や付加価値を丁寧に説明し、報道される機会を作ります。実際に記者が商品に触れるデモを行ったり、会社の代表に直接取材できる時間を設けることなどで、メディアにより大きく情報を扱ってもらえる可能性があります。

・勉強会（セミナー、ワークショップなどの名称もある）：

　メディア関係者に自社の製品や開発背景、使用している技術について紹介したり、特定のテーマで業界の動向を伝えたり参加者同士の交流や質疑応答を行う、中から小規模のイベントです。自社が持つ独自性の高い専門知識やデータなどを提供することで、メディア関係者が自社や業界の動きをより深く、正確に理解するのを手助けします。定期的に開催することでメディアとの関係を強化することができるほか、ここから取材に発展することもあります。

・製品のデモや体験イベント：

　メディア関係者やインフルエンサーなど向けに、製品のデモンストレーションをしたり、商品、サービスの利用体験ができる機会を提供するイベントです。実際に利用したり、体験したりしてもらうことで、自社製品の特徴や魅力をリアルに伝えることができます。また、体験者からの質問や感想を社内にフィードバックすれば、より良い製品開発にも

活かすことができます。

これらのイベントは、メディア関係者に自社製品の特徴を深く、正しく理解してもらって取材に繋げたり、メディア側の情報収集を客観的に助けることで信頼関係を構築することが目的です。この目的を達成できる内容であれば、開催規模や内容は自由に設計することができます。ただし、メディア側に参加メリットが感じられないようなイベントを企画してしまうと、逆に関係性を悪くすることもあるので注意が必要です。

## メディアアプローチ手法
## （5）ニューズレター

　自社の最新情報や業界のトレンドなどをメルマガなどの体裁にまとめて、メディア関係者に配信するものです。プレスリリースや記者向けイベントのコンテンツ同様、自社の情報を押しつけるのではなく、業界動向や事例、現場で起きているトレンド情報などメディアにとって受け取る価値のある情報を一緒に記載します。定期的に配信することによって、メディア関係者とのコミュニケーションを活性化させたり、内容によって取材に繋がることがあります。メディアにとって有用な情報を社内外から集める大変さはありますが、メールだけでもできるので比較的取り組みやすいと言えます。

# メディアと新しいつながりを作る方法

　メディア向けの4つの代表的な情報発信方法をお伝えしました。しかし、どんなコミュニケーションにも"最初の一歩"が必要です。これまでまったく繋がりがなかったメディアと直接コンタクトを取るにはどうすれば良いのでしょうか？

　ここでは、小さな会社が最初に関係構築をはじめるのに良いWebメディアとファーストコンタクトを取る方法として、メールとSNS経由の連絡手順を紹介します。基本的な流れは営業活動に似ています。ただし、一部のメディアは自社のウェブサイト上で連絡方法を指定していることがありますので、その場合にはその手順に従うようにしましょう。

## 【連絡ステップ】

### 1.　ターゲットメディアと担当者の洗い出し

　まずは連絡を取る相手を決めます。前述した方法でターゲットメディアを洗い出し、記事の署名などから自社の業界を取材している担当者を見つけ出します。そしてさきほど説明した【メディア研究の方法】を参考にしながら、メディアと担当者の研究を行います。メディアの対象読者は誰か、どのような特集をしているのか、担当者はどのような記事を書いているのかなどをまずはしっかりと理解します。前提として、メ

ディアが求めている情報をしっかりと把握したうえで情報提供をすることが非常に重要です。良好な関係性を築くことを目指している訳ですから、相手が迷惑に感じる行為は避けましょう。

## 2．連絡先（メール、SNSアカウントなど）を探して連絡する

　メディアへの連絡先メールアドレスやお問い合わせフォーム、電話番号などは、Webメディア内にある「プレスリリースの宛先」や「お問い合わせ先」「○○（メディア名）について」などの欄に記載があることが多いです。Webメディアでは連絡先を公開していることが多いので根気よく探してみましょう。また、昨今では記者がX（旧Twitter）やFacebookなどのSNSアカウントを利用して情報発信や情報収集をしていることも多いのでそこから連絡する方法もあります。

## 【連絡する際のポイント　ダウンロード資料（プレスリリース送付時の例文シート）】

### ・メール、SNSで連絡する場合

　メールやSNSで連絡する際の件名は、冒頭でまず用件を説明し、どんな情報を提供しようとしているのかが端的に伝わるようにします。また、1日に何百通もメールを受けとることもある記者に気づいてもらえるように、その記者が注目しやすいキーワード（担当領域の注目トレンドの名称、業界で注目されている技術名、時事性が伝わる言葉、影響度の大きさが伝わる数字や日本初などの言葉など）を忘れずにタイトルに入れましょう。

（件名の例）

【取材のご提案】XXXX株式会社、新CEOより最新事業戦略と未来
ビジョンをご紹介

【寄稿のご提案】生成系AI技術の地方自治体での利用状況について

【情報交換のお願い】医療テック○○分野の最新調査データご提供
について

【プレスリリース】A社、製造業向け勤怠管理ソリューション
「Times XXXX」を発表

【イベントへのご招待】（XX月XX日開催）株式会社XXXX主催「先
進事例が満載！　金融DXの課題とベストプラクティス」のご案内

　本文では、自己紹介、会社紹介や提供したい情報、情報交換のお願い
などの用件を具体的、かつ簡潔に記載します。詳細情報はプレスリリー
スや添付資料に含めることができますが、日々大量に情報を受け取る記
者からは添付を開かなくても情報が見極められる状態になっている方が
喜ばれます。

・電話で連絡する場合
　メールのタイトルを考えるのと同じ要領で、電話をする前にできる限
り簡潔にメディアが関心を持つ要点を踏まえて自社紹介、用件説明がで

きるように練習してから電話をかけましょう。ただし、日々膨大な数の
連絡を受けるWebメディアでは電話を敬遠する方が多いのも事実です。
電話はある程度関係性が出来てから、どうしても必要な場合に行う方が
無難です。

　もちろん、連絡したからといって必ず返信が来るわけではありませ
ん。先方にとって有用な情報でなければプレスリリースを送っても記事
になりませんし、記者発表会に呼んでも来てくれないかもしれません。

　ただし、Webメディアの方の話を聞く限り、「企業から来るメールの
タイトルは一通り目を通している」とおっしゃることがほとんどなの
で、相手の反応がない場合は、さらに先方が求める情報を研究して提供
する情報の内容をブラッシュアップしていきましょう。
　このような方法を使ってメディアと繋がりを作った後は、今度はこの
関係性を途絶えさせないように継続的にコミュニケーションを取りま
す。雑談を含めた情報交換や自社に関する定期的な情報提供など、相手
が受け取るメリットのある情報を用意した上で積極的にコンタクトを取
りましょう。

　メディアによっては一定期間で担当分野が交代になることもあります
が、記者とのリレーションができていけば、その方にお願いして新しい
担当者に繋いでもらうことができます。都度新しい担当者と繋がりを
作ってコミュニケーションを続けます。

## 小さな会社の攻めの広報施策

　大手上場企業や有名企業などでない限り、ほとんどの会社の経営上の動きや商品・サービス情報のニュース性は高くありません。まだ無名の小さな会社が受け身で待っているだけでは取材は来ません。なかでもBtoB企業のメディア露出の難易度は一層高くなります。そこで、次に受動的に取材を待つのでなく、自ら主体的に提案してメディアからの取材を引き寄せるための「攻めの広報施策例」について紹介します。

### | トップインタビュー

　メディアに向けて経営者自身のインタビュー取材を提案する施策です。企業にとってはメディアを通して自社の取り組みや考え方を社内・外に発信できるとても良い機会になります。トップインタビューは、スタートアップや中小企業の経営者でも比較的取材に繋がりやすい面があります。経営者には、企業の規模を問わず経営者だからこそ語れる「ユニークな創業ストーリー」や「人生物語」があり、そこにメディアの取材ニーズがあるからです。

　大手メディアから業界新聞、Webの専門メディアなどさまざまなメディアに「トップインタビュー」コーナーがあります。過去の記事をよく読んで、どんな種類の企業がどのような内容で取り上げられているの

かを確認し、自社のトップに合ったコーナーを見つけて取材提案をしてみましょう。インタビューを提案する際には、自社の紹介のほか該当コーナーの質問に対してどんな回答ができそうかなど先方が取材内容をイメージしやすい情報も添えると良いでしょう。

## 2 導入事例

　導入事例は、BtoB企業の広報活動では基本の施策となります。自社のサービスがどのようにクライアント企業に役立っているかをメディア取材を通して紹介する広報活動です。以下の例のようにクライアントが自社のサービスを使ってどんな成果を上げたかをメディアに取材してもらいます。

　例）自社が提供する業務自動化SaaS「サービスXX」を使ってクライアントが「業務時間を100時間削減」

　取材対象はクライアントですが、その結果として自社サービスの強みや有用性を広く広報することができます。

　メディアにとっては、実際の商品やサービスが導入企業にどのように活用されているのか、どのような成果を出しているのかを具体的に読者に示すことができるため、取材ニーズが高いコンテンツと言えます。読者、関連商品やサービスを導入する際にその事例記事の情報を参考にすることができます。

　自社は、導入事例を通じて商品、サービスの具体的な活用方法、活用効果を第三者視点で示すことができるため、潜在的な顧客に対する信頼

性や説得力を高めることができます。新しい技術やアイデアを提供する
スタートアップや中小企業にとっては重要なポイントです。

　一般的にメディアは知名度の高い企業や商品、サービスに関する情報
を求めるため、自社の知名度が低い場合は知名度の高い顧客による導入
事例を提案すると取材に繋がりやすくなります。商品、サービスを導入
したことでクライアントのビジネスにどのような好影響が出たのか、定
量的な成果を示しながら、この事例がいかに読者に役立つ内容であるか
を強調して取材提案することが重要です。導入事例の取材提案をする際
は、「どんな商品、サービスを使って」「何をしたのか」「その結果どう
なったのか（成果）」を端的にまとめて伝えるとメディアが検討しやすく
なります。

### 3 寄稿

　メディア向けに記事を執筆して提供するのが寄稿です。高い専門性を
誇る識者による良質な解説記事は、メディアの読者にとって魅力的なコ
ンテンツとなるため、企業からの提案を歓迎するメディアも多く存在し
ます。

　まずは、事業活動で蓄積した自社ならではの知見やデータを整理し、
執筆するのに最適な人物を決め、どんな寄稿ができそうかメディアに提
案、相談するところから始めましょう。企業にとっては寄稿を通じて、
自社がどのように市場の課題に取り組んでいるのか、あるいはどのよう
なユニークな視点や解決策を持っているのかなどを直接的、間接的にス
テークホルダーに伝えることができます。

　これによって他社と差別化が図れるほか、さまざまなステークホルダーから業界のリーダー的な存在であり業界の発展に貢献しているという信頼や認知を得ることが期待できます。

　また、記事執筆を行う際は、最初からメディア掲載にこだわる必要はありません。自社が管理するブログなどで積極的に公開することで、メディア側から執筆依頼が来ることもあります。

　以上が、小さな会社でも取り組みやすい基本施策です。これら「攻めの広報」を行うための第一歩は、社内から「ネタ」となる情報を集めることです。「広報活動の目的」を踏まえ、どんな文脈の情報発信をすべきかから考えて具体的な広報施策に落とし込み、社内から情報収集を行います。この情報収集の方法については、第6章以降で解説します。

## これだけは知っておきたい！取材対応ガイド

　次に、さまざまな提案が奏功して、取材依頼が来た場合の対応ステップについて解説します。取材対応には、慣例や暗黙の了解を含め、基本のルールが存在します。取材から掲載までのプロセスで発生する確認事項や基本のTODOは以下の通りです。

**【取材対応前に広報担当者が理解しておくべきこと、取材対象者に周知しておくべきこと】**（ダウンロード資料：ブリーフィングシート、取材対応総合ガイド）

　１．取材を受けることが必ず掲載や放映につながる訳ではありません。最終的な決定は全てメディア側の判断に委ねられていることを理解し、周囲にも周知しておきましょう。

　２．基本的に記事の掲載後、放映後に内容を修正することはできません。誤った内容が広がると企業活動にネガティブな影響が出てしまいます。広報活動は影響力の大きな活動という認識を持ち、取材対応にミスが起きないように仕組みを整えるなど工夫して慎重に取り組みましょう。

**【取材申し込みが来た時の確認事項】**

・取材日時

・取材方法（オンライン／直接など）

・取材場所

・取材意図や質問内容（取材時に想定される質問と回答を「ブリーフィングシート」にまとめ、取材対応の準備をするため）

・掲載時期の見込み（取材されたからといって必ず記事になったり、放送される訳ではないので、「もし掲載になる場合はいつ頃を見込んでいますか」と確認）

・記事内容を掲載前に確認できるかどうか（基本的には記事内容の事前確認はできないが、メディアによっては事実誤認や表記の誤

りがないか確認できたり、確認を求められる場合がある。念のため、取材後の進め方を先に確認する）

　ブリーフィングシートとは、取材対応者にメディアの取材意図や目的、取材概要、想定される取材時の質問と回答、取材対応における注意点などを伝えるための資料です。次頁の図がブリーフィングシートの記載項目例です（ダウンロード資料には記入例もあります）。

## 【取材対応の注意点】

　取材対応を行う際の基本的な注意点は以下の通りです。

**分かりやすさ**：取材に回答する際は、複雑な業界用語を使ったり専門知識が必要となる説明をすることを避け、可能な限りシンプルで明確な言葉を使用します。記者やその先にいる読者、視聴者が理解しやすいように注意しましょう。

**正直さ**：もし質問に答えられない場合は、その旨をはっきりと伝え、改めて確認してから情報提供しましょう。その場しのぎで無理に答えを出さないことが大切です。

**オフレコ**：「オフレコ」（公表しないでください）と伝えたとしても、それが報道されない保証はありません。常に話したことが公になる可能性があることを心に留めておきましょう。取材現場を盛り上げるための「ここだけの話」であっても、今話している内容が新聞やネットニュースに載る可能性を想像しながら話しましょう。

## 【ブリーフィングシートのイメージ】

ブリーフィングシート
（メディア名）取材

広報担当　●●

日時：
場所：

**【媒体の特徴】**
媒体名：
概要（発行形態・PV数など）：

**【取材担当記者】プロフィール**

| 写真 | 記者名：<br>所属会社名／メディア名／肩書<br>経歴： |

**【掲載イメージ】**
※掲載ページ（放映）のイメージ

**【取材テーマ／取材意図】**

**【今回の取材で当社が伝えたいメッセージ】**

**【取材の想定質問と想定回答】**
Q：〜〜
A：〜〜

**【補足】**
・事前提供済みの資料：●●
・撮影の有無：
・当日の服装の注意　etc.

**適切な態度**：どのメディアの人に対しても敬意と誠実さを持って接することが重要です。特定のメディアを侮るような態度を取ると関係性が悪くなり、他のメディアにもその情報が伝わりかねません。

## 【掲載後の対応】

・お礼のご挨拶メール（取材の御礼として記者にご連絡するほか、社内外の取材協力者にも送ります。記者向けには、疑問が解決されたことの確認や必要な追加情報の提供を行いましょう。また掲載、放映後には、社内外の反応を共有するなどして記者とコミュニケーションを図ります）

・掲載内容の周知（掲載記事を社内に共有し、広く社員に知ってもらったり、営業やマーケティング活動に役立てられるようにします。また、自社HPやSNSなどでも紹介しましょう。※記事をHPなどに掲載する場合は内容によってメディア側の許諾が必要です）

　メディア対応は、基本的な知識を持った上で適切に準備することで思いもよらない記事になることを防止し、自社の広報活動の意図に沿った伝えられ方をされる可能性を高めることができます。

　最初のうちは取材誘致がうまくいかなかったり、取材されても記事にならないことは日常茶飯です。些細なことに一喜一憂せずに、心にも時間にも余裕を持って長い目で取り組むようにしましょう。

# メディアリレーションズ以外の
# 社外広報業務

　これまでメディアリレーションズの業務についてお伝えしてきました
が、社外広報活動ではそれ以外にも取り組めるさまざまな業務があります。

## ｜オウンドメディア、SNSでの情報発信

　ブログ記事やSNSなどを活用して、読者が興味を持つ情報や読者の
生活・ビジネスに役立つ情報などを提供し、自社や自社の商品、サービ
スの知名度を高める手法です。特にBtoC企業に積極的に活用されてい
ますが、BtoB企業でもユーザーの課題解決やビジネスの参考になる記事
をホワイトペーパーとして発信したり、採用広報目的の情報発信を行っ
たりしています。

　また、昨今では、企業のオフィシャルアカウントだけでなく、個々の
社員がSNSで会社や商品、サービス、社内の出来事について投稿する
ことが増えてきました。SNSは利用メリットが大きい一方、炎上によっ
て企業の評判や信頼が下がる出来事も頻発しています。炎上を防ぐため
のSNS利用ガイドラインについては、後ほど詳しく説明します。

## 2 ピッチやアワードへの応募

　ピッチと呼ばれる会社紹介の機会がある交流会やさまざまな団体が主催するアワード（賞）に参加することで、イベントの主催者や参加者同士で繋がりを作ることができます。実際に受賞することができれば、プレスリリースで発表するなどして成果を広報することができます。

### 【イベントの種類】

#### ・業界関連のアワード

　ビジネス上の重要なステークホルダーが多数参加しているのが業界関連のアワードです。参加することによって自社の業績や成果を対外的に知ってもらうことができ、業界内での知名度や信頼性を高めることができます。

#### ・スタートアップイベントや投資家ピッチ

　ビジネスモデルや成長戦略をアピールすることができる機会。参加することで自社の独自性や競争力を業界や投資家などにアピールすることができます。また、スタートアップを取材するメディアもこうしたイベントに参加していることがあるので、メディアとのリレーション作りにも活用できます。

## 3 ゲスト登壇や講師

　業界関連のイベントやカンファレンスなどにゲスト登壇することで、自社の専門性やリーダーシップをアピールすることができます。自社主催のセミナーで自社の専門性の高さや優れたノウハウなどについて発信

していると次第に外部からも声がかかるようになります。

# 小さな会社の「採用広報」

　採用広報とは、企業が採用したいと考える人材に、自社を就職先や転職先として検討してもらうための広報活動です。昨今、広報活動の一環として取り組む企業が増えています。

　企業活動に関するすべての情報は採用にも影響しますので、採用広報と企業広報を明確に線引きすることはできません。特に求職者向けを意図した情報発信を採用広報と呼びます。

　採用広報を通して自社の魅力を正直かつ丁寧に伝えることで、自社が大切にしている価値観や文化と合う優秀な人材が採用できるだけでなく、ミスマッチを減らして入社後に長く活躍してもらうことなどが可能です。

　経営者や広報担当者の方とお話する機会が多い筆者ですが、「採用広報をやってみたけれど上手くいかなかった」という話は聞きません。最低限のコツを踏まえて活動すれば狙った効果を挙げやすい活動と言えます。そのため最近では、次のような理由で小さな会社でも積極的に採用広報に取り組み始めています。

【採用広報に取り組むべき理由】

・採用広報向けプラットフォーム、SNS などを使って手軽に取り組める

・求職者が求める情報を担当者（広報、人事）が想像しやすいため効果を出しやすい

・取り組む企業が多い分、自社が取り組まないと情報が埋もれる

過去には、就活支援企業が、求人票が載った分厚い紙の冊子を学生宅に郵送していた時代もありました。その頃、冊子に載っていた情報はせいぜい企業の概要と募集要項くらいでした。

インターネットが普及した今、採用広報の手段は飛躍的に進歩しました。今では採用広報に活用できるプラットフォームが登場し、企業自身が場所を用意しなくても社員インタビューなど充実したコンテンツを大勢の求職者、潜在求職者に配信することができます。

現在、採用広報でコンテンツを掲載する先としてよく利用されているのは、企業HP、採用HPページ、採用広報に向くプラットフォーム（note、Wantedly）、SNS などです。これに加えて、特に採用広報効果を狙って、一般のメディアに自社の代表や社員インタビューを提案する方法などがあります。

【採用広報の代表的な情報発信手段】

・HP

・採用HP

・採用広報プラットフォーム（note、Wantedlyなど）

・SNS

・一般メディアでのインタビュー掲載

# 採用広報で狙えるさまざまな効果

　手軽に始められる採用広報ですが、この活動で得られるメリットは大きく採用活動の精度や効率アップにも繋がります。採用広報によって狙える効果としては次のようなものが挙げられます。

【採用広報で狙える効果】

・自社が採用したいターゲット人材（価値観が合う、必要スキルを持つ、など）に自社の存在を知ってもらうことができる

・入社意向度を高める

・採用におけるミスマッチを減らす

・（上記を実現することで）採用活動を効率化できる

> ・（採用広報コンテンツを社内にも共有することによる）社員エン
>   ゲージメントの向上

　学生や社会人が、求人票や就活・転職支援サービス、採用イベントな
どでしか企業情報を得られなかった時代には、求職者が企業の情報を集
めることも、企業が求職者に情報を発信することも容易ではありません
でした。そのため、かつて多くの企業では、ナビサイト（就活生向け求人
情報サイト）への掲載やイベントなどを通して頭数をできる限りたくさん
集め、それから書類や面接で採りたい人を絞るという戦略を取っていま
した。

　しかし、情報発信手段が多様になった今では、採用したいスキルや価
値観を持った人材にある程度的を絞った、情報発信をすることが可能に
なってきました。自社の大切にする価値観（ミッションやビジョンなど）や
事業環境、一緒に働く仲間の情報など、採用ターゲットが知りたい情報
のほか、ミスマッチが起きないように会社として知っておいて欲しい情
報を的確に伝えることで、あらかじめ会社をよく理解した人材を選考に
集めることができるのです。

　また、入社の時点である程度ミスマッチを防ぐことができていれば、
入社後に定着して長く活躍してくれる可能性が高まります。これらの意
味で採用広報は採用活動自体の効率化にも寄与するのです。

　また、会社によっては、こうした求職者向けの情報を社内にも積極的
に共有し、社内コミュニケーション活性化や社員の会社へのエンゲージ

メント向上に役立てる会社もあります。会社のミッション、ビジョンやさまざまな部署で活躍する社員の姿は、社内にもしっかり届けたい情報です。社員自身がそうした情報を理解して仕事に向かうことや、会社のポジティブな情報をSNSで発信してくれることは会社にとって大きなメリットとなります。

## 採用広報を手軽に始める方法

　採用広報での情報発信には大きく分けて2パターンあります。一つ目は、すでに自社を知っていて応募検討中かすでに選考に進んでいる人をターゲットにした情報発信をするパターン。もう一つは、自社を知らない人にまでターゲットを広げて自社の採用に興味を持ってもらうことを目指す情報発信をするパターンです。

　もし採用人数がまだ少なく社内の広報体制が脆弱な場合は、ミニマムの活動として「応募検討中、選考中の人材に向けた情報発信」からスタートすることをお勧めします。このパターンの採用広報であればまず失敗はありません。

　選考中の人材ということは、少なくともすでに自社を知っていて興味を持っている状態の人です。この場合の採用広報の目的は、こうした人

材に自社で働く魅力を伝えて確実に応募してもらったり、自社を正しく理解してから入社してもらうこととなります。

　採用広報を担う広報担当者や人事担当者もかつては自社に応募した求職者です。取材や執筆の経験がなくてもターゲットがどんな情報を求めているのかある程度は想像でき、的確なコンテンツを作りやすいので効果が出やすいと言えます。

# 採用広報コンテンツの作り方

　担当者ごとに採用広報コンテンツの内容や質がバラバラになってしまうことは問題です。戦略的に進める余力がある場合は、採用活動上の目標や課題から逆算してコンテンツ作成を行います。

　重要なのは、採用上の目標や課題を踏まえて「誰を対象に」「何を伝える」記事を作るのかあらかじめ決定し、それに合わせて社内から適切な取材対象者を選んだり、質問内容を設定することです。このステップを踏むだけで、一つの記事だけでも狙った効果を得ることができます。

【採用広報コンテンツの作成ステップ】

1）採用上の目標と課題を把握
2）上記を踏まえて記事で「誰」に「何」を伝えるのかを明確化
3）最適なコンテンツ内容を精査（インタビューにするのか、社内
　　アンケート記事にするのか、など）
4）（インタビューの場合）取材前に取材対象者に「記事で伝えた
　　いこと」を共有して内容をすり合わせ
5）取材、記事作成
6）配信


　この際、2）の「誰」について、記事ごとのターゲット像（○○経験を
持つエンジニアで挑戦意欲が高い人、など）をできる限り細かく洗い出すことが
重要です。ターゲットが持つ価値観、考え方、必要なスキルセットが明
確になれば、この人材が「知りたい情報」「働く上で魅力と感じる情報」、
またミスマッチを防ぐために「自社が伝えておきたい情報」が正確に割
り出せて効果的です。それを最終的にトップインタビュー、社員インタ
ビュー、社内イベント紹介などの記事に落とし込んでいきます。

【コンテンツの考え方】

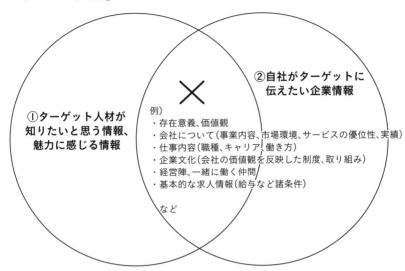

①ターゲット人材が
知りたいと思う情報、
魅力に感じる情報

②自社がターゲットに
伝えたい企業情報

例）
・存在意義、価値観
・会社について（事業内容、市場環境、サービスの優位性、実績）
・仕事内容（職種、キャリア、働き方）
・企業文化（会社の価値観を反映した制度、取り組み）
・経営陣、一緒に働く仲間
・基本的な求人情報（給与など諸条件）

など

　左側の①を踏まえて、自社のどんな情報を伝えれば求職者の就職、転職意向度を上げられそうかと検討していきます。以下がその具体的な例です。

**【具体例】**

採用ターゲット像

ターゲットに響く内容・例

【新卒採用】
・挑戦を好む
・課題解決に取り組んで社会に貢献したい
・価値観の合う仲間と一緒にチームで仕事をしたい

【中途採用】
・社会課題解決を目指すプロダクトに関わりたい
・○○領域の経験のあるエンジニア
・経験が少なくても上昇志向でポテンシャルの高い
　人材

新卒・中途採用
【経営者】(トップインタビュー)会社立ち上げの
経緯、ミッションについて
【事業】(リーダーインタビュー)最新プロジェク
トが果たす社会的意義について
【仲間・企業文化】社内の雰囲気が伝わるイベント
紹介

中途採用
【仕事】(事業部長インタビュー)事業部が求める
エンジニア像、部内の働き方
【仕事・仲間】(エンジニアインタビュー)当社の
テックリードのキャリア、目標

# 特に重要度が高いコンテンツ

　各採用広報コンテンツのPVを見比べると分かりますが、求職者に圧倒的によく読まれるコンテンツは「トップインタビュー」です。当然のことですが、経営者の価値観や行動原理は社員の扱われ方を含め会社運営に大きな影響を及ぼします。そのため求職者が注目しやすいのです。採用広報をはじめたらトップインタビューは早めに作成しましょう。

また、Wantedly が行った「企業のパーパスと採用に関する調査」では、「入社時にパーパスを『かなり重視した』人は年々増加し、直近5年間で倍増。給与よりもパーパスを重視して転職した事がある人は43%」としています。この調査を見ても、近年、企業の存在意義や価値観を求職者に伝えることの重要性がさらに高まっていることが分かります。

※この調査におけるパーパスは「企業の存在目的や社会的意義」と定義されており、企業によってはミッション、ビジョンという言葉で表現している場合も含まれています。

後述する「社内広報」でも解説しますが、自社の社員に同じ方向を向いて前に進んでもらうためには会社が大切にする価値観を理解したり、共感してもらう必要があります。

採用広報を積極的に行うことで、企業が社員に理解、共感して欲しい会社の存在意義や価値観について入社段階でしっかりと伝えられます。

# 成功に欠かせない3つのポイント

最後に、採用広報を成功に導くために絶対に覚えておきたい3つのポイントをお伝えします。

・SNS時代に「嘘」は絶対にNG

ミスマッチの減少が採用広報の一つのメリットとお伝えしましたが、そのためには不都合な情報も含めてできる限り正確に情報を伝える必要

があります。SNSが発達した時代、上手に嘘をついたり隠したとしても、口コミですぐに事実が明らかになります。頭数を揃える採用ではなくなっている以上、応募数が減ったとしても事実を理解した上で応募してくる人材を確保する方が合理的です。

・情報拡散のカギは社員の力

　採用広報を成功に導くための重要ポイントの一つが、いかに社員を巻き込んで情報拡散ができるかです。会社に強い愛着を持ち、仕事へのモチベーションが高い社員自身が採用情報を発信してくれることほど効果的なことはありません。社員に情報拡散のお願いをしたり、社員がSNSに投稿したくなるコンテンツ作り（シェアしたくなるような写真を載せるなど）を意識するなどの工夫をしましょう。

・持続的に活動を行うための体制構築

　繰り返しになりますが、情報が止まればそのこと自体がネガティブな情報として社外に伝わります。社内に協力を仰ぐ、外部ライターをアサインするなど、情報を途切れさせずコンスタントに発信できる体制を整えましょう。

# 効 果 測 定 の 仕 方

　採用広報の採用への貢献度を直接的に測ることは困難です。しかし、アンケートなどを通して効果を把握しながら採用広報活動をブラッシュアップしていくことは重要です。

　少なくとも、選考中の求職者や採用者に「コンテンツを読んだかどうか」、「読んだコンテンツが会社や仕事理解に繋がったか」「入社後にギャップを感じた点はあるか」などを聞くことで効果を把握しましょう。

　もし自社を知らない人まで含めて情報発信をしている場合には、多くの人に情報を届けること自体が一つの目標になるので、上記に加えて記事のPV数やSNSでのシェア数なども指標になります。

　最後に、採用広報の企業事例として10X社の取り組みを紹介します。

# 10Xの採用広報

| 会社名 | 株式会社10X |
|---|---|
| 事業内容 | スーパーマーケット・ドラッグストアなどのチェーンストアのオンライン事業立ち上げと成長に必要なすべてを備えたプラットフォーム「Stailer」の提供 |
| 広報組織体制 | CEO傘下／専任3名 |
| 取材先部門の名称 | コミュニケーションズ部 |

10Xは2017年創業で、スーパーマーケットやドラッグストアといった小売・流通事業者向けのECプラットフォーム「Stailer(ステイラー)」を提供する会社です。2020年のサービスローンチからすぐに大手スーパーでも採用され、小売業界のDX企業として注目されています。

同社で広報領域を担当する、コミュニケーションズ部長中澤理香さんが入社した2020年時点で、同社の社員数はまだ20名程度でした。しかし、Stailerの開始時から大手小売企業が顧客になり、問い合わせも多くあるなど事業はすでに好調に推移しており、事業のさらなる拡大に向けた喫緊の課題が人材採用という状況でした。入社当時の中澤さんが担当していたのはHRと広報分野でしたが、業務の8割以上を採用活動、採用広報活動に割いて採用業務の基盤を築いたそうです。

　同社の採用広報の基本的な考え方は、広報活動全般と同じで「今ある
姿と目指す姿のギャップを埋めていく」こと。日々の露出の追求という
よりは、資金調達など事業活動のモメンタム（盛り上がり）に合わせて、
求職者などのターゲットに必要な情報を届けられるように情報発信の
チャネルを整備したり、発信する内容を企画したりしています。

**【10Xの採用広報の定義と情報発信チャネル】**

**採用広報とは**
短期〜長期の人材採用を目的に、会社に関する情報を発信することで認知や共感の
拡大を進める情報発信活動

**採用広報によるメリット**
・10Xで働きたいと思う人が増える
・入社前から社内の状況や期待値が分かりミスマッチが減る
・社外向けの情報発信を通して社内の人も改めて自社の動きを知ることができる

**採用広報系の情報発信チャネル**
・10XBlog
・10X.fm(podcast)
・公式Twitter
・10XProduct Blog

出所：10X社の社内資料を編集して掲載

　特に採用市場が厳しかった時期は、求職者にいかに自社を選んでもら
えるかについて考え、市場環境、ターゲットのニーズ、自社の魅力を踏
まえて戦略的に以下のようなコンテンツを発信していました。

・組織、カルチャーの魅力
・競争力のある条件（給与・インセンティブ制度）

141

- プライベートと両立し長く働ける環境
- 成長が期待される市場（海外で実証済み）
- 複雑で難易度の高い課題に挑戦できる面白さ
- 会社の最初の100人になれる面白さ

**【ある時期の採用広報戦略をまとめた図】**

| ターゲット | メッセージ | 戦略 |
|---|---|---|
| ・ベンチャーに興味がある大企業、戦略コンサルティングファーム在籍者<br><br>・ベンチャー、メガベンチャーで働くITエンジニア<br><br>・IT分野の有識者(VC、経営者、メディア) | **組織カルチャー**<br>・バリュー中心のフラットな組織<br>・卓越したメンバーと共に成長<br>・プライベートと両立して長期的に働ける<br>・競争力のある報酬、インセンティブ<br><br>**事業：社会的インパクトの大きさ**<br>・成長が期待される市場<br>・競争優位性、成長性<br>・サービスの身近さ<br>・複雑で難易度の高い、解きがいのある課題<br><br>**フェーズ**<br>・最初の100人、自分で会社を創る実感<br>・事業責任者レベルの仕事機会が溢れる<br>・「今入るべき組織」と感じてもらえるように情報発信する | **戦略**<br>・外部メディア露出、自社コンテンツともに組織、カルチャーの魅力の発信を増やし働く場所としてイメージしやすくする<br>・ターゲットが常に10X情報を目にする環境を作る<br><br>**アクションプラン**<br>1. 魅力の整理<br>2. メンバーの自発的な情報発信を後押し<br>3. コンテンツの量産体制整備、週1回以上の発信 |

出所：10X社の社内資料を編集して掲載

　上記は、同社の社内資料を本書向けに編集して掲載させていただいたイメージですが、こうした内容を定期的にアップデートしながら採用広報活動を行っています。

# 小さな会社の「社内広報」

　広報活動を会社の成長を目的としたステークホルダーとの良好な関係構築と捉えると、広報部が行う活動をメディアリレーションズだけに集中させることはもったいない話です。リソースが限られるなかで業務の優先順位はつけざるを得えませんが、ここではどんな会社にとっても社内広報の優先順位がとても高いことを説明したいと思います。

　社内広報とは、社内のコミュニケーション活性化施策などを通して、社員が一丸となって事業を前に進められるように環境を整え、会社全体のパフォーマンスを最大化することを目指す活動です。

　優秀な人材がたくさんいてもバラバラの価値観や異なる目的を持って仕事をしていたら、そのパワーは個別最適にとどまります。スキルの高いエリートを集めるだけで高い成果が得られるのであれば、採用さえ上手くいけば良いことになります。

　しかし、多くの人に実感がある通り、高いスキルや知識、素晴らしい経歴を持っていても、会社に愛着がなかったり、仕事へのモチベーションが低かったりする社員は高いパフォーマンスを発揮できないことがあります。それどころか他の社員へ悪影響を及ぼすことさえあります。

米国HRコンサルティング企業コーン・フェリーの社員エンゲージメントに関する国際調査によれば、社員エンゲージメントのレベルが向上している会社は、エンゲージメントが停滞、低下している企業と比べて、資産収益率（ROA）、投資収益率（ROI）、資本利益率（ROE）が大幅に向上していることが分かっています。また、優れた人材の獲得と引き留め、生産性、安全性、顧客体験などにおいても大きな成果を享受しているとしています。この社員エンゲージメントの向上を支援するのが社内広報活動なのです。

## 魅力的な企業文化づくりに欠かせない社内広報

さきほどの調査に関する資料では、社員がエンゲージメントを下げることなく活躍し続けるためには、「企業が統一された、まとまりのある組織文化を築くこと」が重要だと提唱しており、魅力的な企業文化を構築する6ステップとして次の項目を挙げています。

【魅力的な企業文化を構築する6ステップ】

1）望ましい職場環境を構築する
（サポーティブな職場環境、権限がある状態）

## ２）目的を共有する

（人と組織を結びつけるために、人々に共通の目的を与え、それを共有しているという感覚を与える）

## ３）個人の動機と組織の目標を合わせる

（より広範なミッションを達成するために行うあらゆる仕事が、自身の報酬、キャリア機会、個人の成長にとってもプラスであることを認識できるようにする）

## ４）健全な競争を奨励する

（自分たちの声が届き、自分たちの努力が認められている限り、競争は人々をより革新的で最大限の力を発揮しようとする非常に前向きな力）

## ５）強力な企業文化を構築する

（文化は社員が会社を前に進めるには何をすればいいか理解する上で方向性を強化する。ミッションと価値観を明確にするだけでなく、社員に感謝を示す方法やインセンティブと報酬システムをより広範な組織目標に整合させる点などにおいて、CEOやシニアリーダーは企業文化の形成に重要な役割を果たす）

## ６）マネジャーは企業文化の鏡

（トップリーダーによる前向きな振る舞いが8〜9つもの階層を通じて組織全体に波及し、最終的には社員全体のエンゲージメントレベルに大きな影響を及ぼす）

出所：コーン・フェリー「Engagement Whitepaper（日本語版）」を筆者が要約

このリストを見ていただくと、2）から6）に関してはまさに社内広報活動で支援が可能です。上記を踏まえながら、社内広報活動の実際の手段、そのなかで伝えるべき情報を紹介します。

# 社内広報の手段と伝えるべき情報

## 【社内広報活動の主な手段】

・メールやメッセージアプリを使ったリアルタイムな情報発信

・社内報（紙、Webサイト、音声メディア）

・イベント（全社ミーティング、キックオフ、リゾート地などで行うオフサイトミーティング、カジュアルなスタイルのピザパーティー、経営者と社員が直接話すお茶会など）

・表彰制度（若手を対象とする毎月のMVP発表、全社を対象とする年1回の社長賞など）

## 【社内広報活動で伝えるべき情報】

・企業の存在意義や大切にする価値観（ミッション、ビジョンなど）

・トップメッセージ（会社、事業の方向性などについての経営者の思いや考え）

・社内の重要な動き（組織、事業、顧客についての情報、社内行事　など）

・社員の情報（新入社員紹介、成果を出した社員へのインタビュー　など）

・**各種社内情報の共有**（部署をまたいで業務で活用する各種資料、データなどをま
　とめて管理・更新して参照しやすくする）
・**プレスリリース、メディア掲載情報の共有**（発表内容の意図や背景説明など
　も含む）
　など

　この中でも、上述した社内広報活動の目的に照らして特に重要となる
のが、「企業の存在意義や大切にする価値観」と「トップメッセージ」
です。

　企業理念、行動指針に当たる情報を定義、発信することの重要性は、
第２章で説明した「消費者は商品、サービスを通してこの会社が『社会
にどんな価値を提供しようとしているのか』といった価値観に共感して
商品を買っている」というフィリップ・コトラー氏の指摘や、「企業が
統一された、まとまりのある組織文化を築くことで社員が高いエンゲー
ジメントを保つことができ、社員のエンゲージメントの高さは最終的に
会社の成長に好影響をもたらす」という上記のコーン・フェリーの調査
結果からも明らかです。また、それらを「トップメッセージ」として、
熱量を込めて繰り返し伝えることで浸透させていくことが必要です。

　実際に、今回執筆にあたって取材させていただいた成長中の有名ス
タートアップの多くが、「採用広報」で企業理念に共感している人材を
採用し、社員になった後もその考え方を繰り返し伝えていくことを徹底
しています。

また、「表彰制度」の運用を社内広報として扱うかどうかは企業によって異なると思いますが、表彰制度を広報部が運営することには多くのメリットがあるのでご紹介したいと思います。半期や年1回行う社長賞のような大きな表彰だけではなく、月間MVPなど用途に合わせてさまざまな種類の表彰制度を設けたり、表彰された人物へのインタビューを社内に周知することで生まれるメリットは次のようなものが挙げられます。

---

**【表彰制度を実施するメリット】**

・会社は社員をよく見ており、大切に扱っているというメッセージ発信になる

・誰が、どんな理由で表彰されたのか周知することで、会社としてどんな活躍をして欲しいのか、あるいはどんな価値観を持つ社員になって欲しいのかというメッセージが発信できる

・表彰された社員の仕事へのモチベーションや会社へのエンゲージメント向上が期待できる

・表彰対象者の同僚や先輩、後輩の間に健全な競争意識や向上心が育まれる

・社内報、Webサイトなどに情報を蓄積することで、新しく入った社員にも表彰された取り組みや人物の情報がスムーズに伝わる

---

　ここで改めて表彰制度の効果を説明したのは、筆者の約15年に及ぶ企業広報経験のなかでも表彰制度は特に社員から直接良いフィードバックが返ってきた施策だからです。社内報などで受賞者インタビューをしていると、「同期が先に表彰されたことが悔しくて、ずっと受賞したい

と思っていました」というポジティブな言葉を本当によく聞きました。

　これは、記念の盾や、金一封を渡すだけで終わりにするような形だけの表彰制度では起きない現象です。成果を社内に向けて「大々的に称える」ことで、本人のモチベーションを上げたり、周囲の闘争心に火をつけることができるのです。

　会社としてどんな行動、成果を評価するのかから逆算して表彰する内容を設計したり、会社の意図（制度創設の理由、表彰の基準など）を分かりやすく説明したり、表彰された人物の活躍をしっかりと伝えることで会社全体に大きな好影響を与えることができます。その意味で広報部が関わることが有意義と考えています。

# 社内に浸透させるために必要なこと

　筆者の長年の企業広報経験のなかで、社内広報は常に重要な仕事でした。初めて広報職に就いた会社の経営者が社内広報を重視していたことが理由で、そこで培った知見やノウハウをその後に勤めた会社でも実践したからです。

　この経験のなかで一番学んだことは、ミッション、ビジョンのような

企業が社員に最も伝えたい情報でも、社内に浸透させることは本当に難しく、理念を「掲げる」だけでは何も起きないということです。広告や恋愛などにおいてよく引用される理論に、「人は同じ情報に触れる頻度が高いほどその情報に好意を持ちやすくなる」というザイアンス効果（単純接触効果）がありますが、経営者自らが先頭に立って何度も何度も繰り返し繰り返し伝え続けることが本当に重要です。

人は一時しっかり理解したとしても、情報に触れる頻度が減ると次第に忘れます。歯磨きのように常にやり続けなければいずれトラブルが発生するのです。

そのため、全社員が会社の向かう方向性を理解し、同じ思いや目的を持って自分の仕事に邁進できるよう、会社によっては広報などが中心となって企業理念を冊子にしてまとめたり、Slack（ビジネス用のメッセージアプリ）のアイコンにして日々目に触れるようにしたり、さまざまな工夫をしています。さらに徹底させるために評価項目に入れる企業もあります。

さまざまな情報発信の方法がありますが、一番効果的だと感じるのは、やはり全社会議などの場で経営者自らが自分の言葉で直接社員に伝えることです。社内広報を検討されている企業は、最初の一歩として、全社ミーティングなどで経営者が自分の言葉で情報発信をすることから始めることをお勧めします。

# 社内広報は
# 広報担当者にもメリット

　社内広報活動をすることは、広報担当者自身にも大きなメリットがあります。広報担当者が何よりもまず理解していなければならないのが社内の状況です。経営者の頭の中、事業、サービスの詳細、社内のキーパーソンが誰なのかなど、社内報用のネタを集めるためにたくさんの人に会って、社内情報に触れることで広報担当者の頭の中もアップデートされます。こうした経験を通して社内に有効な人脈が増え、広報担当者が社内のハブとしてより機能しやすくなっていくのです。そのことが、今度は社外向け広報にも効果を発揮します。

【広報担当者にとって社内広報をするメリット】

・会社、組織、人の理解が進む

・社内に人脈を作ることができる

・社外向けの広報ネタを見つけることができる

# クラシコムの社内広報

| 会社名 | 株式会社クラシコム |
|---|---|
| 事業内容 | ライフカルチャープラットフォーム「北欧、暮らしの道具店」運営（メディア運営、コンテンツ開発、広告企画販売、雑貨・アパレル企画販売） |
| 広報組織体制 | 人事企画室内に広報担当者が在籍／専任2名 |
| 取材先部門の名称 | 広報担当者 |

クラシコムは2006年創業で、多くの熱量の高いファンを擁する「北欧、暮らしの道具店」を運営する企業です。2021年から初めて本格的に広報活動を開始し2022年には140本もの記事掲載を獲得しました。しかし、この広報部の最大のミッションは、メディア露出の獲得だった訳ではありません。運営している「北欧、暮らしの道具店」の順調な成長もあり、取材依頼自体は以前からもあったのです。

同社の ・人目広報として活躍する馬居優子さんは、2021年の入社時に代表の青木耕平さんから次のように言われたそうです。「最初の1年はメディアとのリレーション構築をして欲しい。その後は、社員を含むすべてのステークホルダーとの関係構築、信頼関係を築くことを重視したい」

　メディア運営を事業としており、情報発信の手段もノウハウも持っていた同社が、改めて広報活動を始めた理由は、上場などを経て企業規模が大きくなるなかで各ステークホルダーに自社の姿や目指すことを誤解なく理解してもらうためでした。そのため広報担当である馬居さんに求められたのは、経営者と社内・外のステークホルダーとのハブになることでした。

　社内においては、「経営者と社員の距離が離れない」ようにすることが大切なミッションです。全社会議では、会議のメインである社員からの発表のほかに、経営陣が会社で起きた重要な事柄に関してその背景や思いなどをしっかり時間をかけて社員に伝えるそうです。

　また、広報側からも、掲載情報やプレスリリース発表について社内共有する際、特に社員に理解してもらいたい大切な事柄は、「なぜこの取材を受けたのか」「この記事で何を伝えたかったのか」「今回の発表における経営陣の意図」といった情報を全社員宛てにSlackで発信しています。

　馬居さんは、「まず社内と経営陣の信頼関係が築けていることが重要です。経営陣が上手くいっていると思っていて、メディアにもそのように書いてもらえたとしても、社員が違うと思っていたらいずれ必ずずれが生じます。そして、その関係性は常に変化すると思っています。今年OKでも来年OKとは限らないと思って取り組んでいます」と話します。

# AIは広報の仕事を
# どう変えるのか？

　ChatGPTをはじめとする高性能対話型AIが世界中で大きな話題となっています。

　対話型AIは、インターネット上の大量の情報と深層学習（ディープラーニング）技術で構築された大規模言語モデルと呼ばれる仕組みを活用しています。ユーザーが入力した指示文（プロンプト）をもとに、文脈を踏まえた自然なやり取りを行えることが大きな特徴です。

　本書執筆時点で一般に公開されて話題となっている対話型AIは、ChatGPT以外にもGoogleのBardやマイクロソフトのBingなどがあり、それぞれに特徴が異なります。

　これらの対話型AIはすでにビジネスシーンでも積極的に活用されはじめています。対話型AIを広報業務でどのように活用できそうかについて考えます。

# ChatGPTは何が得意で、何が不得意なのか?

ここではChatGPTを例に挙げて解説します。

ChatGPTの利用方法はとても簡単です。自分が聞きたい質問や指示を画面下にあるチャットウィンドウに入力するだけです。その内容に応じた回答をChatGPTが出力してくれます。

📢 広報・PRコンサルタント松田と髙橋の「プレスリリースの書き方講座」新シーズン開始！✨

スタートアップや中小企業、未経験者向けの広報実務講座です。第6シーズンの参加者募集中 📝

🔍 テーマ: 広報初心者向け「プレスリリースの書き方〜基礎講座〜」

📅 日程: 2000年9月1日（水）〜10月31日

💻 オンライン開催（Zoom使用）

🎁 参加特典: 講座の動画視聴URL

現状の広報活動をパワーアップし、キャリアを高めたい方へおすすめ 👍

詳細情報とお申し込みは➡ [HPリンク]

お問い合わせ: info@demodemo

広報のプロに学び、実務スキルを磨きましょう！#広報講座 #プレスリリース #キャリアアップ

出所：ChatGPT3.5 を利用して筆者作成

　先に結論を述べると、ChatGPTをはじめとする現状の対話型AIは「答えを探す道具」としては不向きです。その理由は、先ほども紹介した通りChatGPTが言語モデルだからです。言語モデルは、「この言葉の後ろにはこの言葉が来ることがもっともらしい」と確率を計算して、文章を作っています。質問した言葉に反応して確率的、統計的に「それっぽい言葉を返してくる」のであって、質問内容を理解して返事をしているわけではありません。ですから、回答が事実ではないこともあります。

　その意味では、流暢な会話で自然に「嘘」をつくことができるので、人間の方が勘違いして回答が正しいと信じ込むこともあります。この前提を知らずに（あるいは、つい忘れてしまって）「聞けば答えが返ってくる魔法の道具」のように錯覚して利用すると痛い目にあいます。

> 【ChatGPTの基本的な特徴】
> 1）文章で文脈も踏まえた自然な会話のようなやり取りができる
> 2）自然に嘘をつく（情報が必ずしも正確ではない）
> 3）最新情報には対応していない（※）
> 4）入力したデータを学習に利用される（※）
> 5）機械なので何回質問しても怒らない（案を出し続けてくれる）

（※）有料版、無料版、設定、拡張機能の利用など条件によって異なる

　また、具体的に得意な業務としては以下のようなものが挙げられます。これまで説明した対話型AIの仕組み上、以下のような業務が得意です。逆にクイズなど、「ロジックをゼロから考えて答える必要がある問題」は簡単なものでも苦手とされています。

> 【ChatGPTが得意な業務】
> ・文章作成
> ・文章のニュアンスを変える
> ・文章を表にする
> ・要約
> ・翻訳
> ・企画・アイデア出し／壁打ち相手になる
> ・架空の話を創造する
> ・簡単なプログラミング
>
> など

# 広報業務での活用方法

　上記のようなChatGPTの特徴を踏まえると、広報業務で有効な活用方法は次のようなものが挙げられます。

　ただし、広報部では発表前のプレスリリースをはじめ企業機密に当たる情報をたくさん扱います。そのため活用においては、あらかじめ入力データを学習させない環境を整えておくか、機密情報を入力しないこと、常に情報の正確性に気をつけることが大前提となります。

## 【翻訳】

　翻訳作業の下準備や業界関連の海外記事を簡単に読みたいときなど、さまざまな場面に活用できます。

## 【言い回しの調整】

　また、英語・日本語の文章の言い回しやニュアンスを変えることも得意です。自身の文章を「ビジネスに適した文章に直して」などと指示を出すことで、使う場面にふさわしい表現や単語を選んで案を出してくれます。

## 【要約】

### ・SNS 投稿コンテンツ作成

　自分で書いた長文のプレスリリースや顧客インタビュー記事、社員インタビュー記事などを簡単に要約することができます。長文からポイントを抽出して短文にできるので、SNSやブログコンテンツの下書きに利用できます。「この文章からTwitter(現X) 用の投稿文を考えて」と言えばハッシュタグや絵文字付きで投稿文を作ってくれます。

### ・記者に端的に情報を伝える練習

　広報担当者は、記者などとお話する際に、プレスリリースの要点を踏まえて短い時間で端的に説明することが求められます。色々な広報担当の方と一緒に記者とお話する場面では、明らかにここが苦手で損をしている方を見かけます。苦手意識がある方はChatGPTと問答しながら要約の練習をすることもできます。

### ・プレスリリース、各種文書のタイトル案出し

　要約ができるので、タイトルの案出しも得意分野です。作成した文章を読み込ませて、「この文章にふさわしいタイトル案を100文字以内で5本考えて」などと指示を出すとすぐに案を出してくれます。「他には？」と聞けば案を出し続けてくれますし、「○○という言葉を使って」「もっとイベントの内容が伝わる言葉を使って」など条件をつけるとそれに合った案を出してくれます。とにかくたくさんアイデアを出してくれるので、ChatGPTが提案してくれた切り口や言い回しなどを参考にすることができます。

## 【表作成、リスト化】

・メディアリストなどの作成

　文章で出したものを表やリストに加工するのも簡単です。「代表的な IT系のWebメディアを10本出して」「表にまとめて」という指示によって簡単に表にすることができます。ただし、情報自体が正しいかどうかは自身で確認・修正する必要があります。正しい情報を自分で入力して表作成だけ手伝ってもらうのも一つです。

## 【アイデア出し、壁打ち】

・リサーチの仕方など、各種「方法」を提案してもらう

　広報担当者は、自社事業、業界全体、社会トレンドの変化など、常にさまざまな情報をリアルタイムにキャッチアップしていることが求められます。それだけ、調べ物の機会が多い仕事です。自分が知らない分野をゼロから調べるときなどは、例えば「人的資本経営について学びたいんだけど何から調べるべき？」などと聞くとChatGPTが一般的なリサーチ手順を提案してくれます。また、「イベントの集客方法を教えて」などと聞くと、一般的な集客方法を教えてくれます。

・プレスリリースの必要記載項目を聞く

　ChatGPTはインターネット上の大量のデータを学習しているので、「一般的な形式」について精度高く教えてくれます。「ITサービスのローンチに関するプレスリリースの必要記載項目を教えて」「具体例を教えて」などと質問すると、自身が書こうとしていた内容に対して抜け漏れがないか参考にしたりすることができます。

・取材提案などに使う切り口のアイデア出し、壁打ち

　広報担当者がメディアに取材提案する際には、自社の発表情報が社会や業界などにどんな影響を与えるのか、どんな価値、意義があるのかをプレゼンする必要があります。その際に必要な情報を集める目的で、例えば「国内企業におけるITエンジニア採用の課題を5つ挙げて」などと質問すると情報を出してくれます。これらの情報を鵜呑みすることはできませんが、あくまでもアイデア出し、壁打ち相手として活用することで自分になかった視点を得られる可能性があります。

## 【意見、感想を聞く】

・記者からの想定質問と回答を作る

　発表後のプレスリリースなどを読み込ませて、ChatGPTに「IT系メディアの記者としてこのプレスリリースの内容を取材するとしたらどんな質問をする？」と聞けば、想定される質問を出してもらうことができます。取材対応前に作成する想定される記者からの質問と回答を作る際の参考にすることができます。

# アイデア出しの相棒として優秀

　総じて言えるのは、繰り返しになりますが、「答えを探す」ためではなく、自分が答えを考える際の参考やアイデア出し、壁打ち相手として最適だということです。

　さきほど、「プレスリリースの必要記載項目を聞く」という利用方法について言及しましたが、これができたとしても広報担当者がプレスリリースの書き方を学ぶこと自体を省略することはできません。

　ChatGPTは質問の内容を理解して回答しているわけではないので、必ず人間が、返ってきた情報が正しいかどうかを判断したり、その情報をどのように使うべきかを考えたりする必要があります。現状の対話型AIは、該当する事柄についてある程度の知識をすでに持っている人（欲しい情報が何であるのかある程度分かっている人）が利用するのに向いており、人間自身がAIを正しく活用するためのリテラシーを持っていることが絶対的に必要です。

　また、より欲しい情報に近づけるためのプロンプト作成のコツは以下の通りです。できる限り詳細に伝えることで欲しい答えに近づけたり、繰り返し聞いてたくさんアイデアを出してもらうことでさまざまなパターンの情報を集めることができます。

【プロンプト作成のコツ】

・質問・指示の「背景」や「条件」、「質問者・回答者の役割」など
　をできる限り詳細に伝える
・「他には？」などと繰り返し聞いて、多様な観点でたくさんアイ
　デアを出してもらう
・「事例」や「具体例」を出してもらう
・間違った内容を「訂正して出し直させる」ことで回答の精度を高
　める
など

# AIに使われるのではなく、AIを使う側にいるために

　これら対話型AIを利用する際の懸念点にも触れておきます。ChatGPT
をはじめとする対話型AIは、私たちがごく最近手にした新たなツール
のため、セキュリティ問題や著作権問題などこれまでのルールで処理し
きれないさまざまな論点が浮かび上がってきています。

AIが生成したコンテンツの著作権については、今まさに各所で議論が行われています。自社でAI生成コンテンツを作ったり、使ったりする状況が発生した時点で改めて確認することが重要です。現状の参考資料としては、文化庁が2023年6月に公開した「AIと著作権」などがあります。

　さまざまな課題がありますが、今後も早いスピードで各種AIサービスの開発が進むことは間違いありません。
　これらの変化に追従しながら、AIに使われるのではなく、AIを上手く活用していくためには基本的な仕組みを理解しておくことが重要です。誰かが提案する使い方をそのまま受け入れるのではなく、「どう使うか」を自身で考えるステップを忘れないようにしたいものです。

第 **5** 章

一番難しいBtoBの
小さな会社の広報戦略

# 「○○と言えばこの会社」になる

　ここでは広報活動が最も難しいと言われるBtoBの小さな会社に的を絞って、広報活動スタート時にお勧めの広報戦略について紹介したいと思います。

　企業の広報活動のなかでも、BtoB企業のメディアリレーションズ業務が最もハードルが高いと言われています。BtoB企業の商品、サービスを取材対象とするメディア数が少ないことや、企業側にとっても専門性の高い商品やサービスの価値を業界外に伝えることの難しさなどがあるためです。

　そのBtoB企業のなかでも、さらに無名の小さな会社のハードルの高さは想像以上です。ただでさえ枠が少ないのに、よほど特別な理由でも無い限りメディアがわざわざ無名の小さな会社を取材することはありません。

　こうした会社がゼロから広報活動をスタートする際は、まずはとにかく会社、商品、サービス自体の存在を知ってもらう所から始めなければなりません。それでは、どのような戦略を取れば、効率よく効果的にメディアやその他のステークホルダーに情報を届けられるようになるので

しょうか？

　こうした状況で筆者がお勧めするのが、「○○と言えばこの会社」と言われることを目指す戦略です。すなわち、○○分野の第一人者と言えばこの会社と認識される立ち位置を取りに行く、そのための情報発信を行うということです。

　そう聞くと、「そこに辿り着くのが大変なんじゃない？」と感じるかもしれません。しかし、この「○○分野」は“物凄くニッチな領域”で問題ありません。むしろ逆転の発想で、自社の商品・サービスが一番になれる分野を探して「○○分野の一番」である、あるいは完全に一番とは言えなかったとしても「○○分野のパイオニア」「○○分野のリーディングカンパニー」であることを訴求する広報活動をするということです。

　もちろん、ニッチで構わないので「広報部立ち上げの5つの条件」で解説した自社オリジナルの強みがすでにあり、事実として競合となるプレイヤーが他にいない、他社に先駆けて先進的な商品・サービスが提供できている、売上やシェアがトップクラスであるなど、根拠となるある程度の「実績」があることが前提です。

## みんなナンバーワンの話が聞きたい

　例えば、「広告業界のナンバーワン」を目指すとなると、電通や博報堂と戦わなければなりません。しかし、まだ広く一般的ではない「〇〇分野に特化したマーケティング」で、そのなかでも「SNSデータ分析力を活かした施策に強みがある」など、分野を細かく区切ればその分野でサービスを提供するプレイヤーの数自体が減っていき自社が一番の場所が見つかるはずです。

　これは、これまでに説明した、「自社オリジナルの強みとは何か?」を徹底的に追求して伝えるということにほかなりません。

---

**【「〇〇と言えばこの会社」になるための基本ステップ】**

１）自社が第一人者と謳える分野を戦略的に探す
２）その分野の第一人者として理解される情報をメディア取材、オウンドメディア、ソーシャルメディアなどで継続的に発信する

---

　会社が発信する(したい、できる)情報には、経営情報、商品ローンチ・アップグレード、イベントのお知らせなど、さまざまな種類があります。多くの会社は、会社の動きに合わせて必要が生じたタイミングで

「商品が出ます」「イベントをします」という風に点で情報を伝えてしまいがちです。

　しかし、それでは「○○分野の第一人者」とは認識されません。同じ情報発信をするにしても、まず戦略的に自社が第一人者になれる分野を探して、その分野の第一人者だと理解されるように点の情報を線にしていくのです。そうすることでメディアリレーションズ業務が格段に上手くいきやすくなります。

　なぜなら、「どんなにニッチな分野でもその分野に興味を持つ人・企業・メディアは、その分野の『第一人者』（ナンバーワン）の話が聞きたい」という性質があるからです。あるニッチな領域のナンバーワンであることを訴求することで、無名の小さな会社がメディアから取材される理由を"自ら作り出す"という戦略です。

　この活動によって、第2章の「攻めの広報がもたらす効果」で解説したように、顧客が獲得できたり、この分野で強みを持つ会社と提携したいと考える企業に声を掛けられたり、この分野に貢献したい人材が採用できたり、この分野の動きを取材したいメディアの取材候補になることができます。

　広報活動は、自社オリジナルの強みと（ある程度の）実績がないとはじめられないとお伝えしましたが、最初は本当にニッチな分野で大丈夫ですし、ニッチな分野であることが普通です。自社オリジナルの強みを割り出してその価値を徹底的に訴求していきましょう。

また、この自社オリジナルの強みを訴求するにあたって重要なのが、客観的に分かりやすく強みを「言語化」することです。これについては、のちほど本章の「企業、事業、商品・サービスの強みの『言語化』【４つのポイント①】」で詳しく説明します。

## 事業やサービスが複数ある 企業は何を強みにするか

　ここまでの話で、「○○と言えばこの会社」を目指すことも決して不可能ではないと感じていただけたと思います。もし広報すべき商品・サービスが一つしかなければ、何を広報すれば良いかもシンプルで「○○分野」も決めやすいはずです。

　一方で、会社によってはすでに商品・サービスラインナップが揃っていたり、サービスを提供している分野が複数にまたがっているケースがあります。その場合の○○分野はどのように考えれば良いのでしょうか？　想定されるのは、すでにある程度の事業規模や企業の歴史はあるけれど初めて広報活動をする会社などです。

　その際にはジレンマが生じます。この場合、経営者や事業責任者の方などは「○○分野の第一人者」と謳うと「○○分野のサービスしかない

会社だと思われる」からこの戦略は取らないと判断しがちです。

　メイン事業の他にもさまざまな商品・サービスラインナップがあるなかで、一つの分野に集中した広報活動をするとその他の情報が埋もれ、事業規模が小さく見えるという懸念です。

　この懸念は必ずしも当てはまりません。情報発信の仕方次第で解決できるからです。メインとなる事業やサービスにおいて「○○分野と言えばこの会社」になるための情報発信をしつつ、その他の事業、サービスについても並行して情報発信を行っていけば良いだけなのです。

　広報活動を短期的に捉えると、一時は最初に広報を始めた分野、あるいは注力して広報している分野ばかりが取り上げられると感じるかもしれませんが、その他の商品やサービスについても中長期的に浸透していけば問題ありません。
「狭い分野に絞った情報発信はしたくない」と、すべての事業やサービスを並列に並べて「これもできるし、あれもできる」「ざっくりと、こういう感じのことができる」という特徴のない情報発信を行うと、「メディアが取材する理由」がなくなり結局情報が埋もれてしまいます。

　少なくとも、自社がある分野において「○○分野の第一人者」だと認識されれば、少なくとも特定分野において「事業戦略に優れた」、「優秀な人材がいる」「業界で影響力を持つ」「成長性がある」企業などと理解され、一定の信頼を獲得することができます。

　この立場が確立できると、今度はその信頼の上に「○○分野のトップ

企業」が手掛ける新規事業、新たなサービスなどと説明することができ、その他の事業やサービスの広報もしやすくなる面があります。

　広報活動は会社の置かれた状況によって変化するので、ベストなやり方はその時々で変化していきますが、メディアリレーションズ業務においては"メディアが自社を取材する理由を作る"ことは常に意識していくことが必要です。

## 「○○と言えばこの会社」には いつ頃なれるのか

　一般的にどのくらいの期間、戦略的な情報発信を続ければ、「○○と言えばこの会社」と言われるほどに情報が浸透していくものなのでしょうか？

　もともと注目度の高い業界かどうか、会社ごとの広報活動の巧拙などに大きく左右はされますが、筆者の経験上、一般的な成長速度の小さな会社では少なくとも2年以上徹底的な情報発信が必要だと考えています。「メディア露出」を例にして説明すると、次のような流れになるイメージです。

1）広報活動スタート

2）該当する分野の専門メディアと関係を築く

3）自社からの売り込みによって専門メディアから取材されるようになる

4）自社からの売り込みによって経済メディアやその他のメディアにも取材される

―2年程度、上記の活動を繰り返して徐々に自社の存在をメディアに浸透させると―

5）「○○分野で有名な御社の代表にお話を聞きたい」とメディア側から連絡が来る

　よっぽど時流に沿った注目を集めやすい商品やサービスを扱っていない限り、メディアが自ら広報活動を始めたばかりの無名の小さな会社に取材を申し込むことはありません。

　最初は、自社から積極的にメディアに向けて、関係構築のための情報提供や取材提案を行うことから始めます。関連分野の専門メディアへ「自社だから言える、メディアが求める情報」を提供することで、メディアとの関係構築をスタートさせ、そこから地道な情報発信を続けて「○○分野で著名な御社の代表に取材させてください」という言葉が聞けるようになったら、まさに広報部の努力の賜であり、適切な広報活動の証しです。

# 「○○と言えばこの会社」に なるための最初のステップ

　次に、「○○分野の第一人者」になることを目指すための情報発信の手段と内容について説明します。まず、小さな会社の広報活動は、会社と個人（経営者など）の両面からの情報発信を考えるようにします。少ないリソースを最大限活かすためです。

　会社についての情報発信とは、自社の経営や事業、商品、サービスの動きや顧客に役立つ業界関連情報などを発信することです。個人による情報発信とは、会社を代表する経営者などが自社の話や自社に関連する分野の知見を共有したり、意見を発信したりすることで会社や自身の認知度を高める活動です。

　これら会社が主語になる情報発信と個人が主語になる情報発信の双方を行いましょう。もちろん、メディアに取り上げられることが最も難しいBtoBの小さな会社ですから、メディア露出だけでなく自社で管理ができるオウンドメディア、SNSなどを活用することが前提です。

【第一人者と認識されるための初歩的な情報発信方法／会社の情報】

　1）プレスリリースの配信

2）オウンドメディア、SNSを通した情報発信
・ブログ記事
・ホワイトペーパー
・各種SNS
3）講演、イベントの企画
4）メディア露出
・メディア取材が受けられる場合は記事を通して情報を伝える
5）その他
・広告施策　など

　上記のような手段を通して、「○○分野の第一人者」と理解される情報（コンテンツ）の発信を行います。メディアへのアプローチは、始めたばかりの頃はなかなか相手の目に留まりません。プレスリリース配信や取材提案など、メディア向けの情報発信は行いつつ、併せてHPやサービスページ、ブログなど自社が管理するメディアからの情報発信を必ず行いましょう。

　会社に関する情報発信における欠点は、会社の動きがないと発信しにくいという点です。創業したての会社などでは、頻繁に事業の動きがあるとは限りません。そこで、会社に関する情報発信と併せて行いたいのが、企業を代表する個人からの情報発信です。

　会社を代表するような人物とは、経営者や社内にいる業界を代表するエンジニアのような人物です。会社を代表する人物であれば誰でも大丈夫ですが、社員の場合は退職のリスクを考慮する必要はあります。

考え方としては、個人を「〇〇分野に関する豊富な経験や実績があり、業界に大きな影響力を与える人」と認知、理解してもらうことで、その人物が経営する会社も同様の位置づけとして認知、理解してもらうことを目指す活動です。

　読者の皆さんが所属する業界の第一人者、有名人を思い浮かべていただければ分かると思いますが、一般的に「〇〇分野の第一人者」と認識されている人は以下のような特徴があります。

---

**【業界の第一人者と認識されている人はどんな人か？】**

・業界の誰もが知っている実績がある
・有名な著作がある
・業界関連の講演やイベントに登壇したり講師をしたりしている
・（業界全体について語る立場で）メディアに取材されている
・関連団体の代表をしている　など

---

　第一人者と呼ばれる人は誰もが知る実績があり、それを知ってもらえるだけの情報発信がしっかりできている人物です。

　情報量が少なかった時代には、確固とした実績を出すことでメディアなどに外から見つけてもらって有名になることもありました。今は情報量が膨大で、自ら情報発信をしないと埋もれてしまいます。事業の実績を作りながら、その実績を広く知ってもらえるように自社が管理するメ

ディアも活用しながら積極的に情報発信を行いましょう。

---

**【第一人者と認識されるための初歩的な情報発信方法／個人の情報】**
・執筆（SNS、ブログなどで執筆を始めメディアへの寄稿を目指
　す）
・講演、イベント登壇、講師（自社イベントから始めて外部から声
　がかかるようにアピール）
・団体設立、代表就任（自ら立ち上げるか、既存団体とリレーショ
　ンを築く）
など

---

　ポイントは、「○○分野の第一人者」だと理解してもらえる情報をと
にかくめげずにコンスタントに発信し続けることです。上手くいかない
ケースで一番多い理由は、途中で情報が尽きて挫折することです。広報
部立ち上げの条件でも「持続できる体制が重要」と言いましたが、最初
は細々とで構わないので発信を途絶えさせないことを目指しましょう。
その意味では、広報活動を継続させるために、経営者や社内の各担当者
の「お尻を叩く」ことも広報担当者の役割と言えます。

# 第一人者と認識されるために どんな情報発信をすべきか

　第一人者として認識されるための情報発信の中身としては、以下のようなものがあります。

---

**【第一人者と認識されるために発信すべき情報例】**

○○分野に関わる
- 自社の商品、サービス（の強みが伝わる）情報（ローンチやアップグレードのプレスリリース、など）
- 自社の商品、サービスの成果（導入数拡大のプレスリリースや顧客事例インタビュー、など）
- 自社が持つ技術力、知見、ノウハウの高さが伝わる情報（自社が持つ技術、ノウハウなどについてユーザーの役に立つ解説をする、など）
- 業界の役に立つ独自データの提供（調査リリース、データを使った解説記事、など）
- 業界の最新トピック、動向に関する考察、解説、予測、提言（自社ブログ、メディアなどで執筆）
など

---

メディアだけではなく、顧客（潜在顧客）など第一人者だと認識された
いさまざまなステークホルダー向けに、各ターゲットに合わせたコンテ
ンツを発信します。

コンテンツ作りで重要なのは、発信する情報が「独りよがりにならな
い」ことです。多くの企業はメディアや潜在顧客が聞きたいことではな
く、自社が言いたいことを発信し続けています。しかし、どんな人で
も、自分が知らない会社の商品やサービスの情報には興味が湧きにくい
ものです。

さきほど、【メディアが求める情報とは何か？】で、2つの丸（自社が
伝えたいこと×読者が知りたいこと）の重なる所がメディアの求める情報だと
お話ししましたが、これと同じです。自社が言いたいことと相手が聞き
たいことのバランスを必ず考える必要があります。

単純に会社や商品を宣伝するだけでは、もともとその商品に興味があ
る人にしか情報が届きません。情報発信の際は、相手にとって有益な情
報になっているかどうかを必ず意識しましょう。特にメディアに寄稿な
どを提案する場合、その情報が「読者の役に立つのか」が掲載可否の大
きなポイントとなります。まずは相手に関心を向けてもらえるような情
報発信をすることが重要です。

# インターネット時代の情報発信で 意識すべきSEO

　また、企業が「第一人者」と理解されている状態とは、すなわちマーケティング用語で言う「ユーザーにとっての第一想起になる」ということです。インターネットがビジネス活動の起点になる時代における「〇〇と言えばこの会社」の指標は、「ユーザーがインターネット上で『〇〇分野』について検索した時に最初に出てくる会社になる」ことと言えます。

　そのため、情報発信を始める際には、まず〇〇分野に関連するキーワードで自社が取りたいキーワードを決めて、ユーザーがインターネット上でそのキーワードを検索したら自社の名前が挙がってくるように情報発信を行います。SEO（検索エンジンからサイトを訪れる人を増やす活動）を意識した情報発信です。

　例えば、広報分野のなかでも特に、「BtoB企業の広報部門立ち上げ支援分野の第一人者」を目指すリープフロッグ松田純子（筆者の一人）の場合は、分野に関わりが深い「BtoB、広報部立ち上げ」「BtoB、プレスリリースの書き方」などのキーワードを意識した情報発信（ブログやメディアへの寄稿）をしています。

　実際に各キーワードで検索していただくと筆者の執筆記事やHP、筆者二人が主催する講座のサイトなどがGoogleの検索結果1ページ目などに表示されます。こうした情報が浸透してくると、メディアに取材や寄稿提案をしやすくなったり、メディア側から取材依頼が来たりします。

　また、「〇〇分野の第一人者」であることが伝わる情報を徹底的に発信する際は、併せて社会における、あるいは業界や顧客における、「〇〇分野の重要性や有用性」を啓蒙することも重要です。分野自体に重要性が感じられないと、分野の第一人者の話を聞く人は増えません。

　以上、広報活動が最も難しいBtoBの小さな会社が最初に取り組むべき広報戦略と具体施策をご紹介しました。会社によっては、一部はマーケティング部門が担当する業務かもしれませんが、まず「〇〇分野の第一人者を目指す」という分かりやすい旗印を決め、その実現に向けてさまざまな施策を試してみてください。

　こうした活動の成果が出て事業が大きくなっていくと、さきほど紹介した経営戦略から逆算した広報活動のようにより緻密な活動を行っていくことになります。

# 成果への"遠回り"を防ぐ 4つのポイント

次に、小さな会社が広報活動を始めた後に迷いがちになるポイントについてお話しします。

広報活動を始めてすぐに分かりやすい成果が出ることは稀です。広報ノウハウが社内にない会社の場合、大抵は「本当にこの道を進んでいて大丈夫なのか?」「どちらの道を選ぶのが正解なのか?」と悩みながら前に進むことになります。

筆者の経験上、広報部を立ち上げたばかりの小さな会社には、優先度が高いのに忘れがちだったり、迷いがちになったりする代表的なポイントがあります。これらのポイントをあらかじめ知っていれば、成果にたどり着くまでの無駄な遠回りを避けることができます。

# 企業、事業、商品・サービスの 強みの「言語化」 【4つのポイント①】

一つ目が、企業や事業、商品・サービスの強みについての適切な「言語化」です。

---

**【広報活動で言語化が重要な項目】**

１）企業の存在意義や大切にする価値観（ミッション、ビジョンな
　　ど）
２）企業、事業、商品・サービスの強みの説明

---

　１）の言語化に関しては、最近創業したスタートアップなどでは特
に、企業理念や行動指針（ミッション、ビジョン、バリュー、パーパスなど表現は
会社によってさまざま）など自社の存在意義や大切にする価値観を言語化し
て社内外に浸透させようとしている会社は多い印象です。

　古くは『ビジョナリー・カンパニー』の著者が、「時代を超えて存続
する偉大な企業をつくりたいなら、ビジョンが必要」（邦題『ビジョナリー・
カンパニーZERO ゼロから事業を生み出し、偉大で永続的な企業になる』ジム・コリンズ
ほか著、日経BP刊より）と述べています。また、メルカリ創業期に参画し
た小泉文明氏もメルカリというサービスだけではなく、会社の持続的な
発展のために早々にミッションとバリューを策定しました。

　メルカリの創業から約半年後に社外から参画した小泉氏の頭のなかに
は、それまで好調だったサービスが不調になった時に多くの社員が退職
した過去の会社の経験がありました。会社としてどこに向かっていくの
かが明確でその価値観に社員が共感していれば、たとえサービスが不調
になってもサービスの改善を図ったり、次のサービスの立ち上げを一緒
に目指すことができます。

そのため、入社して早々にミッションとバリューの策定を提案したのです。

１）に関しては広報コンサルタントの筆者が述べるまでもなく、多くの経営者が重要性に気づいてすでに言語化したり、社内・外に向けて情報の浸透を図ったりしています。ただし、なかには特にこうした言葉を掲げない状態で、すでに長く順調に事業を行っている会社もあるので改めて重要な理由について記載しておきます。

**【会社が持つ存在意義や価値観の言語化が重要な理由】**

・機能の訴求だけでは物が売れない時代に、会社が持つ価値観をステークホルダーに伝えるため
（第２章「広報をしないことがリスクになる」で解説）
・社員が同じ方向を向いて前に進めるようにするため
（第４章「小さな会社の『社内広報』」で解説）
・自社と価値観が合う優秀な人材を採用するため
（第４章「小さな会社の『採用広報』」で解説）

１）企業の存在意義や大切にする価値観の言語化は、創業したての小さな会社の場合は創業メンバーの考えをまとめて言語化することがほとんどです。広報部の役割としては、経営者や経営者チームが中身を考えた後、コピーライターなどに頼りながら適切で分かりやすい言葉に落とし込むことや出来上がったステートメント（言葉）を時間をかけて社内外に徹底的に浸透させていく部分です。

　会社が成長し、社員数が増えると会社の状況に合わせてステートメントをアップデートすることがありますが、その際は経営者が考えたものを社内に伝えるだけではなく、広報部がリードしながら社内で時間をかけてワークショップを行って意見をとりまとめることもあります。

　１）については、すでに多くの企業が重要性に気付いているので、ここでの本題は２）の企業、事業、商品、サービスの強みの言語化です。優先順位が高いのに広報活動をはじめたばかりの会社が忘れがち、後回しにしがちな業務のナンバーワンかもしれません。

　これは、これまで繰り返しお伝えしてきた「自社オリジナルの強み」を、一貫性を持って分かりやすく伝えるために「いつも使う企業や事業、商品、サービスの説明文」のことです。

　広報ノウハウがない小さな会社でよく見かける最も良くないパターンは、そもそもこの「自社オリジナルの強み」が明確でない状態で広報活動を始めることです。何が強みなのかがぼんやりとした状態なので、それを説明する言葉ももちろんありません。

　その他に多いのが、"なんとなくこうだな"という暗黙の了解のもと、経営者や広報、マーケティングチーム、現場の営業担当者などがそれぞれの言葉で自由に説明しているパターンです。こうなると話す人、話す場面によって説明がバラバラになってしまいます。

　これから広報活動を始める会社は、本書を参考にしながら広報活動を

始める前に「自社オリジナルの強みを明確化」させ、広報活動を始めるにあたっては伝える相手（求職者、顧客、投資家などさまざまな属性が異なるステークホルダー）に合わせて、企業、事業、商品、サービスの強みを言語化する（分かりやすく強みが伝わる説明文を作って一貫して使う）というシンプルなステップを踏んで前に進んでいただければと思います。

　現状すでに広報活動は行っているけれど、自社の強みが明確化できていない、強みを自社の誰が説明しても同じ言葉で同じ内容が説明できる状態になっていない場合には、早急に強みの言語化に取り組みましょう。

---

**【会社、事業、サービスの強みの言語化〜基本ステップ〜】**

１）自社（企業・事業・商品、サービス）の強みの洗い出し
２）情報を伝えたい優先度が高いステークホルダーの割り出し
例）顧客（潜在顧客）、求職者、投資家、市場・同業者、公共団体・機関、メディア、社内　など
３）ステークホルダー別にどの強みを、どのような言葉（キーワード）で説明するのか考える
例）顧客（潜在顧客）向けにはどう説明するのか、求職者向けには何を伝えるのか　など

---

　上記の進め方については、後述するキャディ社の事例が一つの参考になります。また、自社や自社の事業、商品、サービスの強みの言語化における主な注意点は次の通りです。

【言語化する際の注意点】

1）自社内の誰が説明しても基本的に同じ言葉で、同じ内容が説明
　　できるようにまとめる
　　（ただし、求職者、顧客、投資家など説明する相手に合わせて
　　強調する情報や使う言葉は変わる）
2）「何をしているのか」ではなく、「何が凄いのか」を言語化する
　　（していることではなく、強みや特長など提供価値を伝えるの
　　が目的）
3）強みの説明は「表現力」ではなく、客観的な「根拠」で示す
4）状況に合わせて更新する（事業の成長が早ければ更新サイクル
　　も早くなる）

　このなかでも特にお伝えしたいのが４）です。広報活動を始めたばか
りの会社ではよく迷いが生じています。「まだ自社についての情報が浸
透しきってもいないのに、もうメッセージを変えて大丈夫なのか？」と
いったことです。

　言うまでもなく情報発信には一貫性が重要です。もし同じ話につい
て、毎回微妙に違う内容を聞かされたら受け取り手は混乱します。

　ただし、後述する企業事例でも分かるように、事業やサービスの状態
は社内・外のさまざまな要因で簡単に変化します。特に創業したての会
社では、サービスの成長や逆に競合他社や市場のちょっとした動きでア

ピールできる強みが変化することがあります。

　説明が安定するまで、つまり、自社の事業やサービスが市場である程度の立ち位置を確立するまでには時間がかかります。それまでに発生する説明の"チューニング"を恐れる必要はありません。

　細かなチューニングについて例を挙げると、「リピート率85％のオンライン英語学習サービス」が、リピート率が下がったために「初心者のリピート率85％以上のオンライン英語学習サービス」に変化したり、最初は市場が大きい「英語に強い」と謳っていたけれど、競合が多すぎるので「韓国語に強い」と訴求ポイントを変えたりしていくことです。

　最も避けなければならないのは、チューニングを避けるために抽象的で何にでも当てはまりそうな曖昧な言葉で説明したり、３）で書いたように表現力で凄さを伝えようとしたり、考えすぎて情報発信ができなくなることです。

　小さな会社の広報活動はゆっくりじっくり考えて決めているうちに、周りの環境が変化することも少なくありません。そうした場合には走りながら考える姿勢で前に進むしかありません。事業の安定とともに言えることも安定してくるので、ある程度チューニングしながら説明を固めていく考え方で全く問題ありません。

　３）の"表現"で自社の凄さを伝えようとするとは、例えば、「語学学習分野において所有する卓越した教育技術と豊富な知見を活かした新た

なサービス…云々」といった表現です。この説明でメディアが受け取る
情報は、「自画自賛している会社」です。説得に必要なのは表現力では
なく客観的な根拠です。

「国内初の特許を取得した技術」「ローンチ1年で100社が導入したサー
ビス」「アパレル業界で売上No.1のA社との協業で実現した商品」と
いった説明を聞いて初めて、メディア側はその情報を読者に伝えるべき
かどうかを判断することができます。

　ちなみにこの「表現力」に頼った説明は、自社の事業や商品、サービ
スの強みをしっかりと理解しきれていない広報担当者がしがちな間違い
です。経営者と広報担当者の連携ができていないと、広報担当者がそも
そも自社の事業や商品、サービスの強みを的確に理解できず、一貫性の
ある言葉で説明することができないということが起きます。

　当の広報担当が自社の強みを的確に説明できなければ、いつまでたっ
ても広報活動の成果が出るはずはありません。新人の広報担当者には最
初のハードルとなるところですので、小さな会社では特に経営者と広報
が密に連携し、必要に応じて経営者側から広報担当者の説明スキルを高
める努力が必要です。

# キャディの会社、
# プロダクトの強みの言語化

| 会社名 | キャディ株式会社 |
|---|---|
| 事業内容 | 部品調達プラットフォーム「CADDi MANUFACTURING」、図面データ活用クラウド「CADDi DRAWER」の提供 |
| 広報組織体制 | CADDi DRAWERのマーケティング部門傘下（直近はCADDi DRAWERの広報に注力するため）／専任1名 |
| 取材先部門の名称 | ブランドコミュニケーショングループ |

キャディは、部品調達プラットフォーム「ＣＡＤＤｉ MANUFACTURING」と図面データ活用クラウド「CADDi DRAWER」の二つのサービスを提供する会社です。2017年の創業以来、6年で4カ国9拠点に拡大するなどスピーディーに成長を遂げています。

2017年創業の同社は、2018年12月にシリーズAとして総額約10.2億円の資金調達を実施し初のプレスリリースを発表しました。同社初の広報担当者である浅野麻妃さんが入社したのは、この発表の"2週間前"のことです。

浅野さんの初仕事は、プレスリリース発表に向けて自社の第一号プロダクトであるCADDi(現「CADDi MANUFACTURING」)の強みを創業メン

バーとともに言語化することでした。

　当時、創業したてのスタートアップだったキャディには、会社HPもない状態でした。まだ大まかな製品コンセプトしか決まっておらず、対外的にどのように説明するのかも不明確でした。そのためこの時、製品コンセプトを短い言葉で表現したタグラインと製品説明文を加藤勇志郎代表と浅野さん二人の話し合いで作成。その後、改めて創業メンバーと浅野さんがブランディングにおけるキーメッセージを策定し、最初の約2年間の広報活動の軸としていました。

　その後、キャディでは事業の拡大に伴い、シリーズB(2021年)、シリーズC(2023年)の資金調達と歩調を合わせて会社や事業、プロダクトの強みの説明をアップデートしてきました。その歴史の主要ポイントを紹介します。

## 【第一号プロダクト(＝企業)の強みの言語化】

時期：
　2017年の創業を経て、2018年に資金調達に関する初プレスリリースを発表した時期

言語化の背景：
　ゼロから広報活動をスタートする上で、CADDiをどう認知してもらいたいか、強みは何なのかを言語化する必要があった。当時は、プロダクトが一つで「プロダクト＝企業」だったので、企業とプロダクトの強みの説明は共通していた。「製造業の受発注プラットフォーム」というプ

ロダクトのタグラインのほか、広報・ブランディング活動の軸になる
キーメッセージの言語化を行い、それをもとに「誰に」「何を伝えるの
か」を設計して広報活動に活用した。

**言語化のステップ：**

1．創業メンバーが設定したキャディの企業理念（モノづくり産業のポテン
　シャルを解放する）、バリュー（もっと大胆に、卓越しよう、一丸で成す、至誠を
　貫く）を実現するために、キャディがどういう状態であるべきか
　ディスカッション

2．ディスカッションで出てきた「あるべき状態」を、社内・外に分か
　りやすく一貫して伝えられるように「エキスパート集団」などの
　キーワード（7つ）に言語化する

3．各カテゴリーについて、具体的にどんな内容を、どんな言葉や手段
　を使って、どこで、誰に向けて発信するのかなどブレイクダウンし
　て広報活動をスタート

【創業時の言語化ステップ】

> 企業理念：モノづくり産業のポテンシャルを解放する
> バリュー：もっと大胆に、卓越しよう、一丸で成す、至誠を貫く

> 上記達成に向けて会社がどういった状態であるべきか、
> どんな認知・理解を得れば良いかディスカッション。
> キーメッセージ（7つ）に落とし込む

> 各キーメッセージをステークホルダーに浸透させるために
> 具体的にどんな内容を、どんな言葉や手段を使って、
> どこで、誰に向けて発信するのかなどブレイクダウン

【「キーメッセージ」例とそれを浸透させるための情報発信ステップ】

**エキスパート集団**　**not キラキラ**　**など7つ**

**超優秀層の集団**
GAFAなど経営陣、
社員の前職紹介

**実力主義**
若手の抜擢、
第二新卒の活躍

**卓越したスキル**
突出した実績、カオス、
修羅場経験

**キーワードの浸透のために「どんな内容」を「どこで発信するか」などと考えながら
情報を発信**
例）メディアでのインタビュー、note、テックブログ、採用イベント　etc.

【シリーズB資金調達時のアップデート】

時期：

2021年のシリーズBの資金調達実施時期

**アップデートの背景：**

　プロダクトローンチから3年が経ち、顧客が自社に求めている本質的な提供価値がより具体的に判明してきた。これを踏まえて改めて3から5年後に自分たちが達成したいことを見直し、その達成に向けて今どんな認知、理解を得ている必要があるのかを整理して言語化する必要があった。この時には5名程度のマーケティングチームが組成されていたので、顧客向けのメッセージも含めてマーケティングチームと広報が共同でより具体的に説明をアップデートした。

**検討ステップ：**

1　「ユーザーから見た製造業界全体」や「キャディについて」、また「顧客から見た調達業務」「サプライパートナーから見た自社の経営」など様々な観点から、キャディの存在によってパーセプション（ユーザーの認識）チェンジを起こしたい分野を割り出す

2　該当分野についてのユーザーの現状認識の洗い出しとそれをどのように変えていくべきなのかをブレイクダウンして言語化。広報活動での情報発信のベースとして活用した

**【検討ステップのイメージ】**

| （例） | 現状 | | 更新後 |
|---|---|---|---|
| 顧客から見た調達の認識 | 定型的な事務作業 | → | **調達改革は経営改革**<br>※費用の中でも売上の60％以上を占める調達原価を変えられると大きな経営インパクトが出せる |

　上記の例では、顧客から見た調達業務の認識を「事務作業」から「調達改革は経営改革」にパーセプションチェンジしていくことを目指し、このメッセージが浸透するようにメディア取材などさまざまなチャネルを通して顧客、潜在顧客に情報発信をした。

## 【シリーズC資金調達時のアップデート】

### 時期：

　2022年、2個目のプロダクト「CADDi DRAWER」のローンチを経て、2023年シリーズCの資金調達時

### アップデートの背景：

　製品が一つだった時代は、「製造業の受発注プラットフォーム」というプロダクトのタグラインがそのまま企業のタグラインになっていた。しかし、1つ目のプロダクトとは製品コンセプトが異なる図面データ活用クラウドの「CADDi DRAWER」をローンチしたことで、「キャディとは何者か？」を説明しづらくなっていた。この頃から事業が2本柱になった上にグローバル化が進み、かつ「CADDi MANUFACTURING」の提供価値もアップデートされてきた。そのため、現在における事業価値をブレイクダウンして改めて「キャディとは何者か？」の説明をアップデートする必要があった。

### 検討ステップ：

1　加藤勇志郎代表の現状認識を整理するほか、各事業部の部長に「キャディの事業価値とは何か」「顧客にどう説明しているのか」を改めてヒアリング

2 同時に社内に「What's CADDi」プロジェクトを立ち上げ、社歴一年未満が大半の当時約600名の社員が、自社の全社戦略を自分ごととして考える機会として「キャディとは何者か？」を言語化するワークショップを開始。社員それぞれが考えるキャディの提供価値を洗い出した

3 上記で出てきたキーワードを広報が整理し、それぞれのプロダクトの提供価値とは切り離した「キャディとは何者か？」を表す企業のタグラインとして「製造業サプライチェーンの変革に挑むキャディ」を決定

事例

# Sansanの事業、プロダクトの強みの言語化

Sansan株式会社 コーポレートコミュニケーション室（以下CC室）マネジャーの武藤あり彩さんは、CC室について、「Sansanに対するパーセプション（認識）をポジティブに変化させ、企業・事業の成長を後押しする部門」と説明します。

社内で集めた情報をそのまま社外に発信するのではなく、社会の時流や市場の変化に合わせてプロダクトが持つ価値を言語化し、適切に社外に発信することで市場や顧客のパーセプションを変えていくことを広報活動の大きな目的の一つとしているのです。また、これによってプロダ

クトの売上、ひいては企業全体の成長に繋げていくことを目指しています。

　Sansan CC室がこうした方針を掲げる理由として、「Sansanはプロダクトの会社である」という意識が強く、創業者の寺田社長自身がプロダクトのタグラインに非常にこだわりを持っているということがあります。

　タグラインとは、製品などの提供価値を説明する短いフレーズです。同社のタグラインやサービスの定義のこだわりについて、武藤さんは「プロダクトの機能をそのまま伝えても、どんなメリットが得られる製品なのか分かりません。価値を伝えるタグラインを設けることが営業上とても重要」と話します。

　一般的に、市場変化が速い分野では、法令対応や顧客ニーズ、他社製品の動向などによって簡単にプロダクトの価値が変化します。Sansanのプロダクトの場合も、今、求められる機能や提供価値がスピーディーに変わるので、CC室が市場の動きをリアルタイムに把握しながら俊敏に最新の価値を伝えています。

　また、プロダクトの価値をより効果的に伝えていくために、「自社サービスが外部からどう見られているのか」「意図が正しく伝わっているか」「価値を伝えるためにどの切り口で伝えるのが良さそうか」などを経営陣に伝えることもCC室の重要な役割です。

【Sansan製品のタグライン・プロダクト定義のアップデート例】

・Sansan
プロダクト定義：名刺管理サービス　→　営業DXサービス

・BillOne
タグライン：あらゆる請求書をオンラインで受け取る　→　請求書受領から、月次決算を加速する

　プロダクト定義やタグラインは時流や市場の変化に合わせて変更しており、この2年間でどのプロダクトも一度は変わっているそうです。

# 最初から出るメディアを選び過ぎない【4つのポイント②】

　会社によっては、「ウチが取材対応するのは大手新聞と経済雑誌だけ」などと相手のニーズお構いなしに取材対応するメディアを勝手に決めることがあります。これは率直にお勧めしません。さきほどもザイアンス効果（単純接触効果）の話をしましたが、やはり情報を浸透させるためには情報への接触頻度が重要です。

　たとえ大手新聞だったとしても、たった1回載っただけで企業の知名度を上げたり、正しい理解を促進することはできません。ステークホルダーに繰り返しさまざまな場所で自社の情報に接触してもらうことで、少しずつ企業名やサービス名を知ってもらったり、サービスの強みを正しく理解してもらうことができるのです。

　その意味で、筆者は広報活動の初期には、掲載されることでネガティブな影響が出るもの以外はどんなメディアにも出た方が良いと考えます。メディアも取材先を探す際にはメディアを見るので、色んな場所で取り上げられている方が取材されたいメディアに取材してもらえる可能性は高まります。実際にメディアによく取材されている会社ほど、メジャー、マイナー問わず積極的にさまざまなメディアに出ています。根拠のないこだわりで選り好みをするよりは、さまざまなメディアと良好な関係性を築くほうが建設的です。

# 持続可能な体制を作るための 6つの質問 【4つのポイント③】

　繰り返しになりますが、大切なのが情報発信の「継続」です。情報が止まること自体がネガティブな情報となってしまう広報活動は、止まることなく情報発信を続けていくことが大前提です。しかし、筆者がさまざまな企業の動向を観察している限り、リソースが限られる小さな会社

では、採用広報、社内広報含め「精魂尽きて更新が止まる」現象を頻繁に目にします。担当者が退職したので次の担当者が見つかるまで一旦休止、担当者がベテランから新人に代わったのでこの業務は廃止などのようにです。

　しかし、更新が止まるくらいなら、目標のハードルを下げてでも継続させられた方が必ず成果には繋がります。そこで、活動が途絶えることで無駄な遠回りをしなくて済むように、業務を持続できる体制を築くためのチェック項目を広報活動を始める前から確認していただきたいと思います。

---

**【持続可能な体制を築くためのチェック項目】**

　１）業務目標／評価指標は妥当か？
（広報部ではコントロールできないメディア掲載数、プレスリリース本数だけを追うような目標になっていないか、目標数字が大きすぎないか、など。妥当な評価指標については後述）
　２）業務を担当する人数は妥当か？
　３）分担できる／分担した方が良い業務はないか？
（メディアリレーションズなど人ではなく社内にノウハウを蓄積したい場合には複数人で担当することが望ましい）
　４）広報部以外の社員に協力を依頼できる業務はないか？
　５）外部支援業者（PR会社、ライターなど）に依頼できないか？
　６）業務効率化のためのシステム導入はできないか？

---

　広報部を立ち上げて担当者の業務を決める際には、これらのチェック項目を参考にしながら、できる限り無理なく広報業務が続けられる体制作りも行ってください。

## どんな会社にも「自社特有の弱点」はある【4つのポイント④】

　同じ小さな会社でも創業者が社長をしている会社もあれば、すでに複数代目の社長が経営していてる会社もあります。そうした場合、同じ社長でも社内に対して持っている権限や影響力が違ったりもします。

　それだけ広報活動のしやすさも会社によって異なり、情報発信が物凄くスムーズにできる会社もあれば、ある広報施策のGOが出るまでに1年近くかかる会社もあります。

　これはどの会社にもあることで、「ウチには特有の弱点があるから広報活動ができない。成果が出しにくい」などと判断するのは早計です。自社特有の弱点はどこの会社にもあるのです。そうした事でいちいちめげていたら、小さな会社の広報活動はすぐに立ち行かなくなります。

　広報活動にはトップのコミットメントが最重要だとお伝えしてきましたが、筆者の過去の経験でも社長が広報に関して完全にノータッチの会社はありました。その時は、別の役員に同じような役割を担ってもらっ

ていました。「これがダメなら他にどんなやり方があるだろう？」とい
う発想は小さな会社の広報活動にとってとても重要です。

　ここまで、広報部を立ち上げたばかりの小さな会社が、優先度が高い
のに忘れがち、あるいは迷いがちになる代表的なポイントを解説しまし
た。広報活動が前に進むに連れて多くの会社が迷うポイントですので、
迷った時には参考にしてください。こうしたポイントがあること自体を
知っているだけでも成果への遠回りを避けることができるはずです。

第 **6** 章

# 社内の巻き込み方、
# 広報活動の評価、
# 危機管理広報

# 「広報部の広報」の仕方

　会社によっては、広報部がどんな部門で、誰が、何をしているのかを社員が全く理解していないことがあります。こうした状況を避けるための「広報部の広報」、すなわち、社内に広報活動の意義や目的、活動内容を知ってもらうための方法は以下のようなものがあります。

---

**【「広報部の広報」の仕方】**

（経営陣から）

・自社にとっての広報活動の意義を社員に繰り返し伝える

（広報担当者から）

・全社ミーティング、メルマガ、メッセージアプリなどを通して広報活動の内容、意図、成果などをリアルタイムに共有する

・全社員、新入社員、リーダー層向けなど目的別に「広報研修」を実施する

・社内報作成もかねて社内を取材して回る

・オンライン、オフラインでの社員との雑談、交流で顔を覚えてもらう

など

---

　これらの方法で広報部から社員に伝えるべき情報は、例えば以下のよ

うなことです。

> 【広報部から社内に伝えること】
> ・広報活動の目的
> ・各施策の意図の説明
> ・広報活動の内容紹介（プレスリリースの発表、取材対応、社内広
> 　報、採用広報の内容　など）
> ・広報活動の成果（掲載情報、受賞、登壇　など）
> ・現場社員の業務に役立つ情報（競合のプレスリリース情報、業界
> 　の動きに関する記事情報　など）

「広報部の広報」の方法として最も効果的なのは、やはり経営者からの情報発信です。広報活動に注力するのであれば、必ず経営者からも社内にそのメッセージを発信しましょう。経営者が重要性を伝えないなかで、一担当者がいくら頑張っても社内に浸透しません。広報活動の目的や成果の共有を経営者から行ったり、広報活動について前向きなコメントをしたりするだけでも社員の意識に影響を与えられます。

　また、広報活動の意義を社員に理解してもらうための一つのコツは、広報部から情報発信する際に、何をしたのか、結果がどうだったかだけでなく、「活動の意図」まで含めて伝えることです。会社として、何を目指してこのようなプレスリリースを出したのか、何を目的としてこの取材を受けたのか、まで伝えることで社員の理解が深まり、情報を自分ごととして捉えやすくなります。

共有の仕方の例としては、社内広報業務で紹介したクラシコム社の事例も参考になります。いくつかの情報発信方法を挙げましたが、わざわざ難しい方法を選ぶ必要はありません。続けやすい方法で、とにかく地道に広報部を知ってもらうための情報発信を続けていくことがポイントです。

## 広報部は社内の「意図」を集めるべき

　逆に広報部が社内から情報をキャッチアップするために、広報担当者は「誰」から「何を」聞くべきなのでしょうか。

---

**【社内の誰にヒアリングするのか？】**

・経営者
・各部門の責任者（営業、マーケティング、製品開発、製品企画、CS部門など）
・プロジェクトのキーマン
・その他（広報活動に協力的な社員、広報担当者が仲がいい社員など）

---

　会社の規模が一定程度大きくなったら、広報部と各部署の責任者やプロジェクトのキーマンなどとの定期的なミーティングやヒアリングが必

要です。責任者は多忙なため、その他にもさまざまな情報源があると広報担当者が動きやすくなります。部門を統括している責任者へのヒアリングで部門全体の動きを把握しつつ、細かな進捗はよく話す現場社員に立ち話で聞くこともできます。

　また、メディアなど社外向けの情報発信のための「ネタ」を探すために、広報担当者が営業や製品開発など各部門の責任者にヒアリングすべき内容は次のようなことです。

---

【社内ヒアリングで何を聞くべきか】
・部門の中長期的な計画（半年から１年の予定）
・部門における現状の注力領域、課題
・進行中のプロジェクトの進捗
・部門が把握しているトレンドの変化（例：営業部門であれば、「大手よりも中小企業の売上が増加している、なぜなら○○」などの情報）　など

---

　経営者には会社全体について、各部門の責任者には部門の中長期的な展望とその達成に向けて何をしているのかをヒアリングします。その動きのなかで、広報活動の目的に照らしてプレスリリースを出した方が良い動きはないか、寄稿ができないか、メディア勉強会が開催できないか、などと情報収集をします。

　このヒアリングの際のコツは、「何をしているのか？」だけではなく「なぜか？」まで掘り下げて質問することです。さきほど、【メディアが

求める情報とは何か？】でも説明しましたが、メディアが求める情報とはメディアの読者が興味、関心を持つ情報であり、メディアの読者の仕事や生活に影響を与える情報です。ヒアリングする際は、メディアが求める情報とは何かを踏まえた上で、広報活動に活かせそうな自社の情報を収集する必要があります。

　単純に自社の「商品紹介」をしても取材には繋がりにくいため、どんな商品なのかということだけではなく、その商品の開発背景やこの商品が発売されることでユーザーや市場にどんな影響を与えるのかまで把握してメディアに伝える必要があります。その背景や影響を理解するために「なぜ」の質問が重要なのです。

　例えば、開発責任者の「開発する機能の優先順位を変えた」という話を聞いた時に、「なるほど」で終わらせずに「なぜ？」と質問できれば、市場に新たな課題があってそれに対応するためだったことが分かるかもしれません。すると広報担当者はメディア向けに「今回の製品アップデートは市場にある○○という課題に対応するために行ったもの」だと説明できるようになります。

# 広報担当者が「引き出す」「提案できる」ことで差がつく

　さらにもう一歩踏み込んで、メディアが求める情報を踏まえた上で広報担当者が社内から情報を「引き出す」ことができたり、「提案する」ことができると広報活動が加速度的に活発化します。

　「法改正があるこのタイミングで自社サービスのこの情報が出せたらメディアに取材されるはずだ」などとある程度の仮定を持って相手から話を「引き出す」ことや、「A社と協力して商品開発するなら、業務提携についてプレスリリースを発表しましょう」などと「提案」することができると広報活動の成果に大きな差が生まれます。

　現場の社員はメディアが求める情報については無知なので、メディアにとってアピール力の高い情報を持っていてもわざわざ話題に出さないことが多々あります。広報部ではこういう情報を求めているんだ、ということを伝えるためにも「例えばこういう情報はないですか？」「これが背景にあるんじゃないですか？」と仮定を持って話を引き出せるとスムーズです。そのためには広報担当者自身が自社の事業や商品、サービス、またメディアの考えやニーズをしっかりと把握できている必要があります。

また、先ほど【社内ヒアリングで何を聞くべきか】で、自社の市場や
ユーザーなどさまざまなトレンドの変化を把握すると良いと言ったの
は、メディアにニーズがあるからです。業界の最前線でビジネスを行う
企業だから知り得る最新の変化や兆候は、業界を取材するメディアがぜ
ひ知りたい情報です。こうした情報を持っていれば、取材に繋がらなく
ても記者との雑談などにも使え関係構築に活かすことができます。

　広報担当者が社内から情報収集する方法としては次のようなものがあ
ります。

---

**【どのように情報収集すべきか】**
・責任者との月次、週次のミーティング
・Slackなどメッセージアプリで各部門の動きをチェック
・各部門のミーティング議事録をチェック

---

　後ほど企業事例も紹介しますが、特に広報活動を積極的に行っている
スタートアップなどの広報担当者は、責任者とのオンライン、オフライ
ンのミーティングのほか、多くの企業が活用しているSlackで各部門の
チャンネル（部門内の社員同士のやりとり）を閲覧したり、ミーティング議事
録を確認するなどして情報収集に努めています。

　企業の広報活動である以上、広報活動のネタは必ず社内にあります。
広報担当者が自社の事業内容や事業を取り巻く環境をどれだけ正確に把
握できているのかは広報活動の成果に大きく関わります。社外と社内を
繋ぐハブとなるためにも、こうした企業は社内の情報収集を徹底的に

行っているのです。

そして、広報部の働きかけが奏功して広報活動の成果が出始めると、社内に好循環が生まれます。広報活動で目に見える成果が出ると、社員が広報活動の価値を理解しやすくなり積極的に協力するようになるためです。最初はヒアリングを面倒くさがっていた社員が、広報部に自ら情報提供してくれるようになったりし始めます。そうなると一層効率的に広報活動ができるようになります。そのための一歩として、社内に広報部を知ってもらうこと、広報部が社内を知ることが非常に大切です。

**事例**

# 他社はどうやって「広報部の広報」をしているのか

ここからは具体的に他社がどのように「広報部の広報」や社内からの情報収集をしているのかご紹介します。会社によって広報部の立ち位置や他部署との距離感はまちまちですが、事例を見ると成果を出している広報部が行っていることは基本的に同じだということが分かります。

**【事例：キャディの「広報部の広報」と社内からの情報収集】**

現在、キャディのコーポレート広報を担当するブランドコミュニケーショングループ マネージャーを務める浅野麻妃さんは、広報チーム内、加藤勇志郎代表との定期的なミーティングに加えて、社内の各部門から

の情報キャッチアップを積極的に行っています。現状では、他の部門の責任者に会って話すことに加え、社内で利用しているSlackを活用して情報収集をしています。

　各部門のSlackチャンネルに参加して社員同士のやり取りを追い、そこからプロジェクトなどの動向を把握したり、気になることはキーパーソンに直接メッセージを送ってヒアリングをしています。このほかにも現場社員に広報担当の顔を覚えてもらおうと、さまざまな社内グループに参加したり、全社会議に登壇する機会を作るなどの工夫もしています。「現場から広報活動に繋がる情報が上がってくる環境を作りつつ、こちらからも積極的に情報を取りに行っている」とのことです。

**【事例：ビビッドガーデンの「広報部の広報」と社内からの情報収集】**

| 会社名 | 株式会社ビビッドガーデン |
|---|---|
| 事業内容 | 全国の生産者から食材や花などを直接購入できるオンライン直売所『食べチョク』の開発・運営 |
| 広報組織体制 | 役員直下／専任2名 |
| 取材先部門の名称 | PRチーム |

　ビビッドガーデンは、2016年創業で生産者から直接食材や花きを購入できる産直通販サイト「食べチョク」を運営する会社です。コロナ禍を経てニーズがさらに伸び、本書執筆時点でユーザー数は90万人、登録生産者数は8,900軒を突破し、6万点を超えるこだわりの逸品が出品されています。

　ビビッドガーデン社内の広報活動への理解は「とても高い」とPRチームの佐藤安奈さんは話します。創業時は秋元里奈代表自ら広報活動をしていたほど広報を重視する文化があることや、今でも積極的に代表が自身のSNSで社内外に情報発信をしていることなどが影響しているそうです。また、実際にメディア露出が増えたことをきっかけに利用者数が飛躍的に伸びた実績から、社員が広報活動の価値を理解しているのです。

　メディア掲載や放映情報は、専用のSlackチャンネルで逐一共有するほか、今どんな内容でメディアアプローチをしているのかを各チームの責任者が週1回事業の進捗報告をするSlackチャンネルや全社ミーティングで発表したりしています。「今、自社の何が注目されているか、対外的にサービスや事業活動がどう評価、理解されているかを丁寧に社内に伝えて、広報活動の意義を理解してもらえるように努めています」と話します。

　そんなビビッドガーデンでは、社内の各チームが社外に情報発信をする際は、必ず企画段階からPRチームが入ってどういった内容をいつ頃発表するのか一緒に考えます。佐藤さんは、「具体的な施策に落とし込む前に広報観点を入れることが重要で、プレスリリース発表の2〜3ヶ月前からPRチームが入って議論することもあります。そうすることでメディアが取り上げたくなる企画にブラッシュアップすることができます」と話します。

　同社のPRチームが主に連携しているのは、マーケティング、法人事

業、人事、生産者サポート（運営するプラットフォームへの出品者）、カスタマーサポート、定期便（野菜や果物を定期でお届けするサービス）、事業企画など多岐にわたる部門です。各部門からの情報発信をキャッチアップして連携するほか、各部門が広報する価値に気づいていない情報についても各部署のSlackチャンネルやミーティング議事録から収集しています。

　実際に広報担当者がSlackから情報をキャッチアップして広報活動に繋がった例としては、以下の「食べチョク」に新たに設けた「レシピコーナー」のプレスリリース発表があります。

## （例）PRチームがSlackで見つけた情報から企画した広報施策が大成功

　生産者が出品している野菜やくだものなどの商品を使ったお勧めレシピが載せられるページの制作当時、社内のエンジニアは通常のアップデートとしか考えていなかった。しかし、この情報をSlackで見つけた広報担当者が、生産者が考える産直食材の美味しい食べ方がよく伝わりメディアに取り上げてもらえる要素があると判断してプレスリリース発表を実施。その後もレシピの紹介と掛け合わせたPR企画を継続的に行ったことで、TV番組や新聞で取り上げられたほか、食系のWebメディアでレシピの連載を持つなどさまざまな露出につながった。

（参考）プレスリリース：
　食べチョクの「生産者直伝レシピ」を200件一挙公開！料理に使いたい食材が探せる「レシピ検索機能」をリリース。おうち時間にぴったり！

## 【事例：10Xの「広報部の広報」と社内からの情報収集】

　10Xでは半期ごとに各部門の責任者に部門の活動予定をヒアリングし、その後の細かな進捗を経営会議やSlackなどの社内情報で確認しています。同社の場合は、広報部門の責任者であるコミュニケーションズ部長中澤理香さんが、経営陣から直接社内情報をキャッチアップしています。

　また同社では、社員が70名を超える頃に始めた「PR研修」など、充実した「広報部の広報」活動を行っています。この研修は入社するタイミングで全社員が受講します。研修の企画、運営を行っている中澤さんは、「入社時点で広報に対する理解を深め、各部門で仕事をするなかで気軽に広報部門に声をかけられる環境づくりのために」実施していると話します。

　このほかにもSlackに「PRチャンネル」を設けて、業務連絡のほか他社が出した良いプレスリリースやニュース事例を広報部門のメンバーが解説つきで共有するなど、社員の広報活動に対する知識や関心が高まるように工夫しています。このSlackチャンネルは経営陣も投稿したり、社員が投稿にコメントをしたりと活発に活用されています。時には、「記事を読んだお客様からサービスの話を聞きたいと連絡をもらった」など現場の声を広報に返してくれることもあります。こうした地道な活動が奏功して社員の広報理解が深まり、現在では広報活動に活きる情報が社員から上がってくるようになってきたそうです。

さらに、社内を広報活動に巻き込む方法の一つとして、折に触れて、広報部門の取り組みや戦略、成果などを分かりやすく社員に伝える資料を作って共有することもあるそうです。中澤さんは、「小さい会社ほど広報担当の数が少なく周りに動いて貰えなければ何もできません。小さい会社ほど社員を巻き込むことが大切」と話します。

**【事例：ヤッホーブルーイングの社内からの情報収集】**

| | |
|---|---|
| **会社名** | 株式会社ヤッホーブルーイング |
| **事業内容** | 「よなよなエール」などクラフトビールの製造および販売 |
| **広報組織体制** | マーケティング部門の傘下／専任4名 |
| **取材先部門の名称** | ヤッホー広め隊 |

　ヤッホーブルーイングは長野県に本社を置くクラフトビール製造会社で、「よなよなエール」「水曜日のネコ」などのクラフトビールを全国区の人気商品に押し上げています。ユニークな広報、マーケティング施策でも有名な会社です。

　ヤッホーブルーイングの広報部門、ヤッホー広め隊ユニットディレクター渡部翔一さんは、部門のミッションである「メディア露出量の最大化」を目指して社内からの情報収集を徹底的に行っています。

　同社では、マーケティングやコンシューマー部門などが製品の購買促進やファンを増やすための施策を企画し、広報部門が施策のメディア露出を最大化するという役割分担をしています。そのため、各部門と広報

は常にしっかりと連携を取っているそうです。

　渡部さんは、井手直行代表、マーケティング部門の責任者と隔週で
ミーティングを行うほか、施策ごとにマーケティングやコンシューマー
部門と密にコミュニケーションを取っています。各部署が考えた企画を
伝えられることもあれば、各部署と広報部門が共同で企画することもあ
ります。

　また、広報部が独自に現場の動きを把握する方法として、各部署の議
事録や社内コミュニケーション用のメッセージアプリ Google Chat の投
稿内容を読んで情報収集をしたり、雑談に参加したり、接する機会が少
ない製造部にも半年に 1 回は出張して担当者に会うなどの活動をしてい
ます。

**事例**

# マーケティング部門、人事部門との連携

　昨今、広報部門にとって距離が近いのが、マーケティング部門や採用
広報を一緒に行うことがある人事部門です。次に、これらの部門と広報
部が連携して成果を出している事例を紹介します。

**【事例：ビットキーの営業・事業開発部門との連携】**

| 会社名 | 株式会社ビットキー |
|---|---|
| 事業内容 | デジタルコネクトプラットフォームの企画・設計・開発、Home/Workspace/Experience領域におけるコネクトプラットフォームの開発・販売・運用、上記プラットフォームと連携するプロダクトおよびサービスの開発・販売・運用 |
| 広報組織体制 | 社長直下部門「CEO Office」の傘下／専任1名 |
| 取材先部門の名称 | x Relations |

　ビットキーは2018年創業で、デジタルコネクトプラットフォームを開発・運営している会社です。2019年4月に家庭向けスマートロック「bitlock LITE」を発売し、半年ほどで国内累計販売台数1位を獲得しました。それ以降、オフィスドアや自動ドア向けのスマートロックを相次いで発売。2020年からはhomehub、workhubという2つのプラットフォームを軸にした事業を開始するなど爆発的な勢いで成長しています。

　同社の広報部門であるx Relationsチームマネージャーの北島香織さんは、社内からの情報キャッチアップとして各部門のマネージャーと月次ミーティングをするほか、様々な案件のSlackチャンネルに参加するなどして各部門の動きをリアルタイムに把握しています。「広報に情報をインプットすれば、事業の状況を踏まえて必要な施策を提案してくれたり、多面的な視点でステークホルダーとのコミュニケーションの方向性やリスクを教えてくれる」と思ってもらえるように、雑談も含めて社内とのコミュニケーションを徹底的に増やしているそうです。

　この数年、ビットキーが広報活動で重視していることは、商品名や機能の認知度を高めることではなく、顧客や社会に自社サービスが提供している価値を理解してもらうこと、また、広報活動を営業支援に繋げていくことです。これを前提に自社の営業部門の動向をヒアリングし、実際にプレスリリース発表やメディアプロモート活動で目的を達成できた事例は以下のようなものがあります。

**（例）ビットキー製品がリノベーション物件の課題解決につながることを潜在顧客に伝えて営業支援**

　大手不動産会社が築50年のマンションのリノベーションを手掛ける際、同社のスマートロックを導入し顔認証にも対応した案件。当初、営業現場では一般的な導入案件の一つとして捉えていた。しかし、広報担当者がヒアリングしたところ、この物件は$CO_2$排出量を削減するためにあえて建て替えではなくリノベーションを選んだ物件であること、また通常リノベーション物件は大規模な設備導入が難しいなか、ビットキー製品であれば既存設備を生かしたままスマートロックを導入したり、後づけで顔認証にも対応できることが評価されて採用されたことが判明。

　このことからビットキー製品の提供価値を伝えられると判断し、この内容を反映したプレスリリースを発表することにした。プレスリリースでは、大手企業との取引実績を伝えることで製品の信頼感を醸成するとともに、CO2排出量の削減メリットがあるものの、最新設備を導入しにくいというリノベーション物件の課題をビットキー製品が解決できることを広く潜在顧客に伝えることに成功した。

（参考）プレスリリース：

「ビットキー、阪急阪神不動産が手掛ける1棟まるごとリノベーション賃貸マンションをスマートアクセス化」

## （例）オートロックマンションでの「置き配の実証実験」がTV各局で露出

　日本郵便と連携して2年連続でオートロックマンションでの置き配に関する実証実験を行った案件。マンションの共用部の鍵にビットキーのスマートロックを導入し、配達員がその鍵を利用して玄関前まで荷物を配達（置き配）。再配達率や配達に要する時間、顧客満足度がどう変化するのかなどを検証した。

　スタートアップのビットキーにとってはぜひアピールしたい大きな案件だったが、日本郵便にとってはさまざまな案件の一つであり、ビットキーの営業担当者と先方とのミーティングではプレスリリースを発表するだけで終了する予定だった。しかし、置き配の様子を撮影できること、当時世間の関心が高かったコロナ禍での置き配ニーズの高まりに対応するサービスだったことから、ビットキー広報からTV番組へのプロモート活動を提案。2社で手分けをしてメディアプロモートを行った結果、多数のキー局のTV番組でニュースとして放映された。これにより日本郵便を担当する社内の営業担当からは、案件がさらにスムーズに進むようになったと広報部にフィードバックが寄せられた。

　ビットキー広報部からの積極的な提案で大幅なメディア露出が獲得で

きた結果、日本郵便の広報部からも信頼を得ることができ、翌年に行った2回目の実証実験後は、許諾を得て日本郵便の名前を掲載した上で元々は出す予定がなかった実証実験の結果に関するプレスリリースを公開することができた。

(参考) プレスリリース：
・ビットキーと日本郵便、配達員顔認証によるオートロックマンションへの『置き配』実証実験を開始
・【オートロックマンションの「置き配」実証実験 結果報告】
95.0%が「置き配」の継続を希望、86.0%が宅配ボックスよりも「置き配を使いたい」と回答

## 【事例：ビビッドガーデンのマーケティング部門との連携】

ビビッドガーデンでは、マーケティングチームがサービスの認知拡大、新規ユーザー獲得に繋がる新しい施策を実施する際、対外的に発信する2〜3ヶ月前から発信に関して最適な内容、方法、時期などをPRチームと一緒に設計しています。

そんな同社で、マーケティング部門と広報部門のタッグで新規ユーザー獲得のためのイベントをTV露出に繋げ、サービスの認知や理解促進に大きく貢献した事例をご紹介します。

## （例）移動型八百屋「食べチョクカー」のTV露出成功で新規顧客獲得に貢献

旬の食材を産地から直送するECサイト「食べチョク」の認知拡大と

新規ユーザー獲得を目指して、マーケティング部門が企画したのが移動型八百屋「食べチョクカー」。普段オンラインで産直食材を購入しない層にもサービスを身近に感じてもらえるように、都内のマンション敷地内などで移動販売を実施することになった。

この際は実施の3ヶ月前からPRチームが入り、「食べチョクカー」をメディア露出に繋げることでより幅広い人に企画内容がリーチするように情報発信の方法を検討。リレーションのあるTVディレクターなどに実施の1ヶ月前からコンタクトをとり、どんな画があれば取り上げやすいかを相談しながら施策をブラッシュアップ。最初は食材を売るだけだったが、最終的にはファーマーズマーケットで生産者と購入者がコミュニケーションを楽しむ場面を参考に、「食べチョクカー」でもオンラインWeb会議システムのZoomを使って買い物客と生産者が直接話せる仕掛けを加えた。その結果、ワールドビジネスサテライト（WBS）、めざましテレビなど複数のTV番組での放映に繋がり、多くの潜在顧客にサービスの情報を届けることができた。

（参考）プレスリリース
　移動型の八百屋「食べチョクカー」始動。産直のこだわり食材をマンションの敷地内で販売。また、同時に受け取るQRコードで後日オンラインでリピート可能。

## 【事例：ヤッホーブルーイングのマーケティング部門との連携】

　ヤッホーブルーイングでは、マーケティング部門が新規顧客の獲得施策の企画、広報部門がそれらの施策のメディア露出方法を考えて実行す

るとはっきりと役割分担を行っています。こうした連携のなかで大きな
成果に繋がった施策の一つが「隠れ節目祝い」です。

## （例）ビール会社が卒乳する人をお祝いする「隠れ節目祝い」

卒乳など人生にある「隠れ節目」をお祝いするために同社のクラフト
ビールをプレゼントするキャンペーンがSNSやメディアで話題となっ
た事例。

同社では自社のクラフトビールのサブスクリプション（定期）販売を
行っていたが、妊娠でやむをえず退会する顧客がいた。そこで、妊娠で
退会した顧客が飲酒を楽しめる時期になったら改めてクラフトビールの
ある生活に戻ってきてもらえるようにマーケティング部門が施策を検討
することに。その企画段階から広報担当者が参加した。

製品のファンを増やす、売上を上げるなど、さまざまな目標が錯綜す
ると企画の軸がブレやすくなるため、今回は「メディアに訴求しやすい
企画にする」という観点で広報部門が軸を作ることに貢献。子育て支援
に繋がるサービスにする可能性も模索したが、ビール自体が子育てを支
援できる訳ではないので、広報の提案で「卒乳する人をお祝いするサー
ビス」とした。

さらに、なぜヤッホーブルーイングがこのサービスを始めるのかにつ
いての説明は、「卒乳のような子育ての節目は、子育て世代にとって儚
くも大事な人生の節目。クラフトビールを通じてこのような子育ての節
目を迎えたお客様に『ゆっくりとこれまでを振り返る時間』を提供でき

るのではないかと考えました」（プレスリリースより）といった形で広報が言語化し、プレスリリースを通して企画を発表した。

　また、SNSでシェアしたくなる卒乳証書を作ったり、プレゼントするクラフトビールの入れ物を卒業証書を入れる筒にするなど工夫してその画像をX(旧Twitter)でも投稿。広報部門（ヤッホー広め隊）ユニットディレクター渡部翔一さんのX投稿から情報が広がり、それがX投稿のまとめサイトに掲載されて更に拡散。Yahoo!ニュースをはじめとするWebメディアで大きな話題になると、最終的にはTV局、新聞でも10件以上取り上げられた。これらの情報拡散によって、キャンペーンへの応募は2万7000件以上に達した。

（参考）プレスリリース：
【授乳中は飲酒お休み】“卒乳”などの人生の節目をお祝いするサービス「隠れ節目祝い by よなよなエール」提供開始

## 【事例：キャディの人事部門との連携】

　キャディでは、広報部門と採用する現場部門、人事部門が連携して採用広報向けのコンテンツ作りを実施しています。直近で注力しているのは、図面データ活用クラウドの「CADDi DRAWER」向けのITエンジニア採用です。

　エンジニアチームの責任者、人事の組織開発チーム、広報部門が集まって、どういった人材を評価するのか、求める人物像の定義、ター

ゲットに向けてどんなメッセージを伝えるべきかを検討します。その後、記事執筆を行ってもらう社内のエンジニアを選定してコンテンツに落とし込みます。

　方針決定は3部門で行い、テックブログ（エンジニア向けに社内エンジニアが情報発信をするブログ）やnote記事作成などの運用はその時々で人事担当者や広報担当者が担っています。

　勢いよく成長を続けるスタートアップであるため、成長によって組織や社内体制が変わることも多く、柔軟に体制を変更しながら3部門が協力して採用広報を行っています。

【キャディの連携例】

|  | 方針決定 | 作成・運用 |
|---|---|---|
| タスク | 評価基準<br>求める人物像<br>メッセージ検討<br>etc. | 記事作成（担当決定）<br>ブログ運用 |
| 担当 | ・広報<br>・人事（組織開発）<br>・現場部門 | 広報 or 人事<br>※社内体制に合わせて変化 |

# 小さな会社の「広報活動の評価」

　大企業など長く安定的に広報活動をしている会社は、毎年の活動内容の変化が比較的少なく、メディア露出量や定期的なブランド調査（商品、サービスの認知度などを測る調査）などで広報活動を適切に評価しやすいと言えます。

　一方で、広報活動を始めたばかりの小さな会社は、会社の成長や広報部のリソースの変化で活動内容が変化しやすかったり、簡単には成果に繋がりにくかったりする側面があります。

　また、小さな会社でも最初からメディアの注目度が高い会社もあれば、そうではない会社もあります。広報活動の評価は、企業規模や広報活動フェーズ、広報部の体制などによって適切な指標が変わるため、単純に他社の真似をしても機能しません。そのため多くの会社が自社の広報活動をどのように評価するべきなのか、評価指標について苦慮している状況です。

　最も代表的な評価指標は「メディア露出量」ですが、広報活動によって成果に繋がる見込みがあるわけではない状態でこの指標を厳密に使うと、広報担当者が疲弊する懸念があります。また、広報の動きだけでは

直接達成できない「売上」や「営業リード数」なども同様です。

　小さな会社がメディアと適切なリレーションを築いて自社の事業や商品、サービスの価値を伝え、取材されるようになるまでには一定の時間がかかります。そして、リレーションができた後も、取材を獲得するのは簡単なことではありません。妥当性の低い目標を課してしまうと担当者のモチベーションに悪影響が及び、万が一退職に繋がると広報活動自体に支障が出てしまいます。

　プレスリリースの発信数やメディア露出量などは広報活動の重要指標ですが、現実的に大きな無理が生じないように、自社に合った適切な指標を探ることが大切です。

# 自社に合った評価指標の考え方

　それでは、各社に合った評価指標はどのように考えると良いのでしょうか。会社ごとに妥当な評価指標は異なりますが、どんな会社でも自社の「広報活動の目的」の達成を目指すための目標設定を行い、その成果を測るための評価指標を決めることは同じです。

　上記を前提として、広報活動で評価の対象となる基本項目としては以

下の３つが挙げられます。

---

**【広報活動の評価対象となる基本項目】**

①活動内容の質と量
②活動結果
③広報活動の結果が会社（事業、商品、サービス、採用など）に与
　えた影響

---

具体的にイメージできるように、第３章で挙げた架空のフィンテック
企業Ａ社の例を使って説明します。評価基準について、【ゆるやかな設
定】と【厳密な設定】の両方を例で示しますので、自社の広報活動のス
テージを踏まえて参考にしていただければと思います。

Ａ社の202X年上期の社外広報（メディアリレーションズ）の主な広報活動
の目的、個人目標は以下の通りです。

---

**【202X年上期　Ａ社の社外広報（メディアリレーションズ）業務について】**

・広報活動の目的：
業界（関係企業・団体）、顧客、潜在顧客、および資金調達におけ
る関係企業への自社＆自社サービスの認知、理解、および信頼性の
向上を図る

・上期の個人目標：

---

今期の注力営業ターゲットであるサービス業界の顧客・潜在顧客への情報発信の量と質の向上

・目標／評価基準の例：
【ゆるやかな設定】
「広報活動の目的」達成につながる<u>活動ができたか</u>で評価する

（今期の評価基準）
・サービス業界の顧客・潜在顧客に対して、自社サービスの認知、強みの理解に繋がる情報発信方法を考え、発信量を最大化する
　※定量的な基準はなし

（想定される活動内容と成果の例）
・自社が運営しているブログやホワイトペーパーでサービス業界顧客向けの情報発信を始める
・サービス業界の専門メディアとの関係構築を進め、来期以降、提案からの取材獲得に繋げる準備をする　など

【厳密な設定】
「広報活動の目的」達成につながる活動の<u>定量的な指標をどれだけ達成できたか</u>で評価する

（今期の評価基準）
・サービス業界の顧客との取り組みに関するプレスリリース配信（○本以上）、メディアへの取材提案数（○本／半期）、メディア

掲載数（○本／半期）、サービス業界の専門メディアとの新たな
リレーション構築のためのメディア面談（○回／半期）
・サブ目標として、サービスページのPV/UU（目標：○○）、ホワ
イトペーパーダウンロード数（目標：○○）


（想定される活動内容と成果の例）
上記の活動を実行できたか、何パーセント達成できたか

【ゆるやかな設定】は、広報活動を始めたばかりの会社で新人広報担当
者が一人で業務に当たっているようなケースが想定されます。また、
【厳密な設定】ができる会社は、すでにある程度長期にわたって広報活
動をしており、担当者のスキルや体制が整っているケースなどが考えら
れます。

　今の広報部のリソースで、現実的に可能な活動内容を踏まえ、その成
果の最大化を目指した目標を設定しましょう。もし広報活動をするなか
で、「未経験の広報担当者一人だけの活動では今の自社の広報活動の目
的達成は難しい」などと感じるとしたら、目標や評価基準を変えるだけ
でなく、外部サービスの利用などリソースを変えることも検討する必要
があります。広報活動の目的や評価基準は経営者と広報担当者が一緒に
定期的に見直し、その時点の広報部の状況に合った評価方法を設定して
いきましょう。

## 事例

# 他社ではどんな風に評価しているのか?

　さまざまな考え方、評価軸がある広報部の評価について、参考として他社事例を紹介します。高い意識を持って活発に広報活動を行っている会社での評価の仕組みとその評価方法を採用している理由について参考にしていただければと思います。

## 【事例：キャディの広報部の評価方法】

　キャディの広報部では、四半期ごとに経営陣などによって更新される経営戦略、事業戦略を踏まえ、広報部が解決すべき課題、その課題を解決に導く具体施策、定量目標を自ら設定しています。その後、最終的に他部署との兼ね合いが考慮されて個人目標が決定します。

　キャディの場合、目標は部門に関係なく「ムーンショット目標」（普通に行ったら5、6割しか達成できない困難な目標）であることが求められ、必ず定量的な目標にするそうです。

（ある四半期の主な目標例）
・10月〜12月
年内に3万人の潜在顧客をイベントに集客

・1月～3月
新製品に関するメディア露出50件
・4月～6月
特定の発表情報に関して大型露出3件

キャディのブランドコミュニケーショングループ マネージャー浅野麻妃さんは、「経営戦略、事業戦略の達成に向けて、広報として自分の存在意義、価値を出すためにはどうしたらいいかを考えて目標を決める」と話します。評価は、これらの定量的な目標の達成度に加えて、社内で設定されている等級ごとに求められる役割（課題解決、専門性、組織貢献）をどの程度達成できているのかも加味されます。

**【事例：ビザスクの広報部の評価方法】**

| 会社名 | 株式会社ビザスク |
|---|---|
| 事業内容 | ビジネス領域に特化したナレッジプラットフォームの運営および多様なスポットコンサルサービスの提供、新規事業創出支援／組織開発支援 |
| 広報組織体制 | CEO室傘下／専任2名 |
| 取材先部門の名称 | CEO室 PRチーム |

ビザスクは、様々なビジネス領域の経験者に1時間単位のインタビューやアンケート調査、伴走支援などが依頼できる各種スポットコンサルティングサービスを提供する会社です。2012年に創業した後、2020年に東証マザーズ（現東証グロース）上場を果たし、2023年3月時点で世界7拠点500名以上の組織になるなどグローバルに成長を続けています。

　同社の社外広報（メディアリレーションズ）業務は半期単位で評価してい
ます。同社では、広報活動の目的として3つの項目を掲げており、各目
的を達成するためにメディアに取材してもらうためにはどのような情報
提供をすればいいのかを大テーマ、それをさらに分解した個別テーマに
分けて管理しています。この個別テーマは定期的に見直します。

**【広報活動の目的・大テーマ・個別テーマのイメージ】**

| 目的 | 大テーマ | 個別テーマ |
|---|---|---|
| **営業ターゲット層への認知獲得** | スポットコンサルティング活用の有益性 | 新たな情報インフラとしての認知獲得 |
| | | 新規事業創出への貢献 |
| | | DXへの貢献 |
| | | （省略） |
| | グローバル事業 | グローバルなサービス提供体制 |
| | 調査データ | 情報ニーズの高い分野、人気分野 |
| **エキスパート獲得** | 働き方の多様化 | ライフスタイルに合わせた働き方の事例提供 |
| | 個人の持つ知見の価値 | 知見の棚卸し、自己研鑽の重要性 |
| **採用** | 採用全般に対する認知拡大 | 福利厚生 |
| | | カルチャー、組織づくりに関する情報 |
| | | （省略） |
| | グローバル展開に対する認知拡大 | グローバルに活躍できる環境 |
| | 新卒 | 成長できる環境、育成制度の紹介 |
| | エンジニア | コミュニケーションが活発な環境 |

※上記は取材をもとに筆者が作成したイメージ例です。エキスパートとはビザスクでコンサルティングを提供する側の登録者のこと

　PRチームはこの個別テーマにできるだけ沿った取材提案や取材対応
をするように活動します。また活動の評価は、記事（放映）がどれほど
個別テーマに沿った内容であるかと記事が掲載（放映）されたメディア

の影響力とをかけ合わせてSABCにランク分けし、ランクに応じたポイントを付与して年間の総獲得ポイント数で評価します。

イメージ例）
夜のニュース番組　×　事業紹介（営業ターゲット層への認知獲得）＝Sランク

CEO室 PRチーム チームリーダー小川晶子さんによると、広報活動の定量的な評価はするものの「個別のテーマごとの目標掲載本数は設けていません。単なる掲載数ではなく、当社が情報を届けたい相手に適切な情報を届けるため、質の高い広報活動を継続していくためにこの指標を活用しています」と話します。

## 【事例：10Xの広報部の評価方法】

10Xの場合は、現状（執筆時点）の広報活動フェーズではメディア露出量は広報活動の評価指標としてあまり意識していないそうです。コミュニケーションズ部長中澤理香さんによると「露出量だけが広報成果の物差しではないこと、また企業成長が著しいなか期ごとに広報活動の重点項目が変化するので、『パートナー企業との事例作り』や『サービスサイトのリニューアル』など期ごとに広報活動のゴールを決めている」とのことです。

## 【事例：ヤッホーブルーイングの広報部の評価方法】

ヤッホーブルーイングのヤッホー広め隊のメイン業務は、メディア露出を増やすことで製品の認知度を高めることです。メディア露出量の目

標については、広告費換算（記事や放映について広告を出した場合の費用で価値を算出する方法）で年単位で設定し、その達成度合いを評価する方式です。

ヤッホー広め隊ユニットディレクター渡部翔一さんは、評価軸について「取材がアンコントローラブルであることは経営者にも理解されているので、余白を持たせて目標設定するために年単位にしており、目標額も年々上げたりはしていません」と話します。

目標の達成に向けては、金額によって「TV特集を何本獲得する必要があるか」などの大枠の計画を立てつつ、基本的には同社のマーケティングやコンシューマー部門、広報部門がそれぞれ企画したり共同で企画したりするPRネタのメディア露出最大化を目指して活動しているそうです。

## 【事例：クラシコムの広報部の評価方法】

クラシコムでは、広報担当者の目標にメディア露出量などの定量目標は基本的に設定していないそうです。同社の広報部に期待されていることは、ステークホルダーにクラシコムの現在の姿が正しく理解されているか、されていない場合、正しく理解してもらえるように積極的に情報発信をしていくことです。情報発信に対する社内外からの反響やメディアとのやり取りなどを広報担当者から経営者にフィードバックすることで、それが実現できているかどうかを定期的に確認しているとのことです。

※上記の評価方法については、各社とも取材・執筆時点の情報です。

# 小さな会社の「危機管理広報」

　事業規模が大きくなるほど、会社が直面する危機の種類や影響範囲が大きくなります。大企業では殆どの会社が危機管理広報のための専門体制を整備していますが、まだ大規模な広報活動を行っていない小さな会社の広報活動ではどこまでの対応、対応準備をしておくことが望ましいのでしょうか。各社への取材を踏まえて実践的な備えについて解説します。

　危機管理広報とは、企業がトラブルに直面した際に被害を最小限に抑え、事態を収束させるための広報対応のことです。問題発生を予防する「リスクマネジメント（事前準備）」と「クライシス対応（問題発生後の対応）」の2つに大きく分けられます。

　クライシス対応では、発生したトラブルの内容に合わせて各ステークホルダーに適切な情報発信やお詫びを行うなど、普段の広報業務とは異なる高度なコミュニケーションが必要となります。このコミュニケーションは大きく間違えると会社の事業継続にも影響を及ぼしかねません。

　そこで多くの大企業では、社内に経営陣、管理部門、広報部門、各事

業部門の代表などを構成員とする「危機管理委員会」を組成し、専門家の外部支援を受けながら発生しうるリスクを洗い出したり、問題発生時の広報対応を細かく定めた「危機管理マニュアル」を平時に準備したりしています。そのほか、危機の発生を予防するための社内への啓蒙活動、取材対応者へのメディアトレーニングなどを定期的に実施する会社も多く存在します。

「危機管理マニュアル」の中身としては、以下のような項目が挙げられます。専門性の高い内容になるので、この分野に特化した専門家の支援、指導のもとに作成することが一般的です。

---

**【危機管理マニュアルの内容・例】**

・基本方針

・発生した問題の情報収集の方法

・意思決定の方法

・広報部門の対応基準、内容（社外発表の判断基準など、どんな条件の時にどんな対応を取るか）

・復旧に向けての対応方法

・各部署の連携方法

・社内の管理方法（勝手に対応させないなど）

・社外の専門家との協力体制

など

---

## 小さな会社にとって
## 優先度が高い備え

上記に対して、筆者がさまざまなスタートアップや中小企業に取材して見えてきた、小さな会社が現状行っている危機管理広報の取り組み、取り組み準備として多かったのは以下の内容です。

【小さな会社が危機管理広報で行っていること】

（1）危機情報のキャッチアップルート確保
（2）リスク想定（想定、評価、優先順位付け）
（3）優先度の高いリスクへの対応準備（相談する専門家探し）
（4）社員のSNS利用ガイドライン作成、研修

（1）危機情報のキャッチアップルート確保とは、社内で起きるあらゆる種類の危機を経営層が統括的に把握するための方法を確保するということです。社員数が数十人から100人ほどの会社では、Slackに全社員が入っている「危機管理チャンネル」を作り、各部署の社員が起きた問題や気づいた問題をリアルタイムに経営陣を含む全社員向けに投稿して共有している所もありました。このほか、特定の部署が取りまとめて法務と経営陣に随時報告するなどの体制があります。

情報量が爆発的に多いわけではない小さな会社の場合は、まずはあら

ゆる危機の種を一旦すべて集めてみることで、自社の各部門にどんな問題発生の因子があるのかを把握できるという効果があります。

　次に、（2）リスク想定、（3）優先度の高いリスクへの対応準備を進めます。影響度の大きいリスクを洗い出し、「発生頻度×影響範囲」などの指標で評価を行い、どのリスクに対して、どこまで対応準備をするのか優先順位づけをします。

　小さな会社の場合、大企業のようにあらゆる方向に対して完璧に備えるというよりは、リスクの可視化と優先順位づけが大きなポイントです。
　現代において企業が直面するリスクの対象は、社内・社外・人・モノ（商品、設備、工場etc.）・オンライン・オフラインと非常に多岐にわたります。想定されるリスクは各社の事業内容や事業規模、ステークホルダーなどによって変わるので、自社にとって優先度の高いリスクを洗い出すことが重要です。

　一例として、中小企業庁の発表資料では中小企業・小規模事業者が「事業の継続が困難になると想定しているリスク」として以下のような項目が挙げられています。

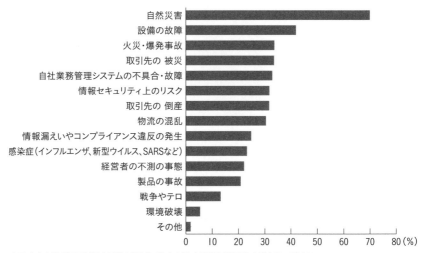

**【事業の継続が困難になると想定しているリスク（中小企業）】**

出所：中小企業庁「2020年版 小規模企業白書」（中小企業・小規模事業者を取り巻くリスク）より

　上記などに加えて、広報部ではメディア対応におけるリスク（経営者の不用意な発言による炎上、メディアによって一方的にネガティブな記事が掲載されるケースなど）を考慮します。

（3）優先度の高いリスクへの対応準備として行われているのは、問題が発生した際に依頼する専門家や支援サービス（該当分野に詳しい弁護士事務所や危機管理広報専門のPR会社など）の確認、リレーションの確保です。

　小さな会社の広報部で、実際に危機管理対応マニュアルまで整備できている会社はかなり少数派です。しかし、少なくとも不測の事態が起きた際に、ゼロから相談先を探す事態は避けられるように準備していると

言えます。

　また、メディア対応におけるリスクへの備えとして、第8章でもご紹介しますが「メディアトレーニング」というサービスがあります。経営者こそが会社の顔であり一番の広報担当者なので、小さな会社であってもメディア対応における失敗を防いだり、より効果的な対応をするために手頃な価格帯のメディアトレーニングを受けることはお勧めです。

# 社員のSNS利用ガイドライン

　次に、（4）社員のSNS利用ガイドライン作成、研修についてです。オフィシャルSNSアカウントを運用している会社では、運用担当チーム、担当者向けのSNS運用ガイドラインを設けるのが一般的です。最近では、それに加えて一般社員の個人利用に対するガイドラインを多くの会社が設けはじめています。

　個人の日常生活にSNSが浸透してきた今、SNS炎上のリスクは会社の規模問わず発生しやすい状況です。また、商品、サービスの宣伝や採用広報目的などで、社員が社名を出して情報発信することを推奨する会社も増えています。そのため、広報部がガイドラインを作成したり、研修などを行ったりして、SNSの正しい利用方法を社内に啓蒙する必要性が

増しているのです。社員のSNS利用ガイドラインの内容例は次の通り
です。

---

**【社員のSNS利用ガイドラインの記載・例】**

・ガイドラインの該当者の説明

・ガイドライン導入の目的

・社員のSNS利用に対する会社の基本方針

・発信OKな情報、NGな情報の説明

・過去の炎上事例について解説

・SNS利用の相談窓口

・炎上が起きた際の報告ルート

・炎上した際の注意点

---

・ガイドラインの該当者の説明

　社名を出して個人SNSを利用している社員向けなのか、社名を出さ
ずに利用しているアカウントも含むのか、また、アルバイト従業員も範
囲に含めるのかなど対象者を明確にします。

・ガイドライン導入の目的

　例えば、「会社の持続的な発展を目指すにあたり影響度の大きいリス
クと判断しているため」「SNS炎上のリスクの高まりを受けて社員の適
切なSNS利用を会社として支援するため」など、なぜガイドラインを
設けることにしたのかを明示します。また、各社員の間違ったSNS利
用が会社の継続的な発展の脅威になる可能性があることを伝え、会社と

して望むSNSの利用姿勢を伝えます。

## ・社員のSNS利用に対する会社の基本方針

個人のSNS利用に関して社名を出して積極的に会社のことを発信してもらいたいのか、社員であることが分かる状態での情報発信を禁じるのかなど、社員のSNS利用に対して会社の基本方針を伝えます。社員が機密事項を扱う機会が多い会社では個人アカウントで社名を出すことを禁じる所もありますし、さきほど述べたように推奨する所もありますので、各社ごとに判断が分かれます。

## ・発信OKな情報、NGな情報の説明

プレスリリースやHPなどを通して会社がオフィシャルに発表している情報は、社員が自由に発信してOKな情報です。会社の成果や募集情報など、むしろ積極的に社員に発信して欲しい情報は具体的な掲載場所を伝えましょう。社員が発信OKな情報を理解しやすいと情報が広がりやすくなります。

NGな情報とは、会社に悪影響を及ぼす情報全てですが、社員がイメージしやすいように、「業務上知り得た未発表の情報」「法令や社内ルールを逸脱したもの」「著作権違反」「誹謗中傷」「第三者の権利侵害に当たる情報」「反社会的な言動」など、特に注意してもらいたい内容を具体的に示すと効果的です。また、多様な人々が利用するSNSには「炎上しやすいトピック」というものが存在するので、そうした情報をシェアすることも有効です。

**【炎上しやすいセンシティブな話題】**

| 分類 | 具体的な話題 |
|---|---|
| 格差を感じさせる話題 | 食べ物、社会保障、所得格差等 |
| 熱心な人がいる話題 | 政治、戦争、自衛隊や他国の軍、皇族、宗教、ファンの多いコンテンツやスポーツ等 |
| 型にはめようとする話題 | 性別による役割分担等 |

出所：山口真一「炎上とクチコミの経済学」（朝日新聞出版）より

・過去の炎上事例について解説

　実際に炎上したSNS投稿の事例を挙げて炎上の経緯、影響などを解説するコンテンツです。一般社員にとって最も炎上を身近にイメージしやすいでしょう。自社でも起きそうな例を挙げると、何をしてはダメなのか、どんな影響が起こり得るのかを分かりやすく伝えることができます。

---

**【実際の過去事例】**

・IT企業社員が大型の受注について顧客名を出して内容を投稿

・店舗で勤務する社員が有名人の来店を隠し撮りして投稿

・企業の人事担当者が面接に来た人物を揶揄するような内容を投稿など

---

　最後に、問題が起きないように相談できる窓口と問題が起きた際に報告するルート、社員が炎上の当事者になってしまった際の注意点を示します。

・SNS利用の相談窓口

　普段から気軽に相談できる相談窓口を設けておくと会社側、社員側共に安心できます。

・炎上が起きた際の報告ルート

　批判コメントがどの程度ついたら報告するなどのルールと報告先をあらかじめ決めておきます。

・炎上した際の注意点

　謝罪することなく投稿を削除するなど、隠蔽行動を取ると不信感を招き炎上が大きくなる可能性があります。社員には隠蔽することなく速やかに報告する旨伝えておきます。

　ガイドライン作成後は、必ずその中身を社内に定着させるための施策までセットで実行します。社内ポータルサイトなど社員が参照しやすい場所に掲載する、入社時に研修を実施する、世の中で炎上が発生した時に事例を追加して定期的に確認を促すなどして情報の浸透を図りましょう。

**社員の利用意識を変えるだけでは防げない炎上もある**

　最後に言及しておきたいのが、社員のSNS利用意識を向上させるだけでは防げない炎上についてです。それは、社員が会社の待遇に不満を持ち、自身の主張を広く知ってもらうために意図的に炎上させるようなケースです。

過去に実際にあった例では、「(男性が)育休を取得したことで望まない部署異動を命じられ、納得がいかずに退職した」といった不満を社名を出して投稿して炎上したものなどがあります。

　特に大企業、有名企業の場合に情報が広がりやすい傾向がありますが、多くの人が共感するような投稿内容の場合には会社の規模を問わず情報が拡散されます。

　こうした炎上は、SNS利用意識は関係なく、会社と社員の関係性を良好に保つことでしかリスクを低減できません。炎上対策を考える際に念頭に入れ、良好に保つ努力を忘れないようにしてください。

　ここまで社員のSNS利用についてお話ししてきましたが、経営者自身の投稿が炎上することも珍しくありません。そして、経営者の炎上ほど会社にとって致命的なものはありません。顔を出して会社について情報発信をすることが多い経営者、広報担当者の常識、良識は、いついかなる時にも問われていることを忘れないでいただきたいと思います。

　企業の持続的な発展のために危機管理広報は非常に重要な項目ですが、割けるリソースに限りがあるなかで優先順位をつける必要はあります。しかし、少なくとも、現状の自社にとって優先度の高いリスクがあるのか、具体的にどんなリスクなのかを割り出し、少しずつ対応準備を進めていくことはどの会社にも必要なことです。

# 企業フェーズごとの
# 広報活動の変遷

　本章の最後に、小さな会社が成長とともにどのような広報活動を行う ことが多いのかフロー図を紹介します。企業の創業期、売上拡大期、事 業・組織規模が変わる成長期から安定期にかけて、企業のフェーズごと に広報部の活動がどのように変遷するのかをイメージすることができま す。また、図中の該当する活動について、本書の何章に解説が書かれて いるかも分かるようにしていますので参考にしてください。

## 【企業フェーズごとの広報活動フロー図】 本書の中で対応している章・節 ▼

| フェーズ | 広報活動内容 | 対応章・節 |
|---|---|---|
| **創業期** | 条件が揃ったら広報部立ち上げを検討<br>・創業（商品ローンチ、営業、マーケティング活動開始、成果が出始める）<br>・広報部立ち上げ検討 | 第1章 ダメ広報部の典型的な失敗例<br>第3章「広報部立ち上げの5つの条件」は満たしているか |
| **売上拡大期** | 【広報活動の目的】の明確化<br>広報活動を行うための社内体制確立<br>・広報部設置（広報組織の位置づけ、体制決定）<br>・担当者の採用 or 異動　※最初は兼任でも早めに専任へ<br>・経営者と広報担当者のミーティング開始<br>・「広報部の広報」＆社内からの情報キャッチアップ体制を構築<br>・経営戦略から逆算した【広報活動の目的】を設定（初期は認知獲得）<br>・企業の存在意義や大切にする価値観（ミッション、ビジョンなど）の言語化<br>・事業、商品・サービスの強みの言語化 | 第3章 広報部立ち上げ期に最適な組織とは<br><br>第7章 広報担当者の採用と育成<br>第6章 社内を広報に巻き込む方法<br>第3章 立ち上げ期の広報戦略<br>第5章 成果への"遠回り"を防ぐ4つのポイント |
| | 期ごとに施策を企画→実行→評価＆ブラッシュアップ<br>・【広報活動の目的】を踏まえて広報担当者の担当業務、評価指標を決定<br>・業務を行う上での課題の洗い出しと解決方法検討<br>　※支援サービス活用など検討<br>・目的達成に向け、期ごとに広報施策を 企画→実行→評価＆ブラッシュアップ<br>　〜〜 PDCAを回す 〜〜 | 第4章 広報部の業務<br>第6章 小さな会社の「広報活動の評価」<br>第8章 PR会社・PRサービスの活用方法 |
| **事業成長期** | 企業成長に合わせて【広報活動の目的】を更新<br>広報活動を拡大<br>・会社の成長（経営戦略上の目標、課題の変化）に合わせて【広報活動の目的】をアップデート<br>・目的達成に向けて広報活動を拡大<br>・施策の 企画→実行→評価＆ブラッシュアップ | 第6章 企業フェーズごとの広報活動の変遷<br>第4章 小さな会社の「採用広報」「社内広報」<br>第6章 小さな会社の「危機管理広報」 |
| **安定期** | 例）経営上の目標、課題に合わせた広報活動の拡大<br>・事業の多角化や商品ラインナップ拡充に合わせた企業メッセージの変更<br>・広報組織の拡大（事業部別広報チームなど）<br>・採用広報<br>・社内広報<br>・資金調達向け対応<br>・上場準備対応<br>・危機管理広報<br>・IR<br>・子会社の広報部設置、グループ広報開始　…など<br><br>〜〜 PDCAを回す 〜〜 | |

248

# 広報は経営とともに変化する「生き物」

　このフロー図は、会社の創業期から商品、サービスの売上が順調に拡大し、早めに広報部の立ち上げを行った会社をイメージしたものです。どの会社でも必ず創業期から広報部を作る必要がある、というわけではありません。まず広報部の立ち上げ条件が揃っているかどうかを見極めた上で、広報活動を始めることになります。本書で説明してきた、立ち上げ期の広報活動のポイントをまとめると以下のようになります。

---

**【立ち上げ期の広報活動のポイント】**

①広報部の立ち上げ条件（立ち上げ可否を見極める5つのポイント）が揃ってから広報部を作る
②経営者との密なコミュニケーションと連携が必須
③社内からの広報活動への理解と協力が必須
④経営戦略を踏まえた広報活動の目的を設定してから広報業務を決める
⑤無理なく活動を継続できる広報体制を作る
⑥現状の体制でできないことは外部の支援サービスなどで補う

---

　社内体制が整って、実際に広報活動を始める際に最も重要なことは的

確な「指針」を持つことです。本書で説明してきた言葉で言い換えれば、経営戦略から逆算した「広報活動の目的」ということになります。社内体制が整ったら、経営者と広報部が合意した「広報活動の目的」達成を目指して各種広報施策の企画、実行、評価＆ブラッシュアップを繰り返すステージに入ります。

　この指針は、会社や商品、サービスが置かれた状況によって初期は短い期間で、事業がある程度安定してきたら半年から1年単位で立ち止まって見直します。

　また、広報活動は会社や商品、サービスが無名であるほど難しいという特徴があるので、創業したての小さな会社が広報活動を始める際には特に高い専門知識や実務スキルが求められます。広報活動が遠回りにならないように、必要に応じて外部支援も上手に活用しながら前に進めます。

　その後、商品、サービスのラインナップが増えるなど会社が順調に成長すると、それに伴って経営戦略（経営上の目標や課題）が変化していきます。企業成長に繋がる広報活動とは、その時々で変化する経営上の目標達成や課題解決を支援する活動なので、変化に追従しながら活動内容を変化させていきます。

　当然ながら、事業の成長スピードや目標、課題は会社ごとに異なります。また、会社によって広報活動を取り巻く条件（社内の広報理解、メディアからの取材ニーズが高い・低い、など）が異なるので、広報部が出来て何年

経ったら○○するといったことは一概に言えません。

　会社によっては数年で怒涛のように広報部の役割や活動内容が変化する所もあれば、10数年大きく変わらない会社もあるはずです。

　その時々の経営上の目標や課題と向き合いながら広報活動を拡大（縮小）させ、それに合わせて広報部の人員や外部支援などのリソースも変化させます。図中にも示しましたが、企業成長に伴って広報活動が拡大する際に行う代表的な活動には以下のようなものがあります。

---

・事業の多角化や商品ラインナップ拡充に合わせた企業メッセージの変更

・広報組織の拡大（事業部別広報チームなど）

・採用広報

・社内広報

・資金調達向け対応

・上場準備対応

・危機管理広報

・IR

・子会社の広報部設置、グループ広報開始　など

---

　第6章でも説明しましたが、広報活動の評価は「広報活動の目的」をどれだけ達成できているかで決めるものであり、単純にメディア露出量が多いか少ないかなどで決まるものではありません。経営と歩調を合わせて決定した「広報活動の目的」を踏まえて、自社の成長に繋がる広報活動ができているのであれば、他社と活動の仕方やスピードが違っていても全く問題ありません。

次に、短いスパンで会社が大きく成長し、実際に年々広報活動が変化した広報部の事例をご紹介します。2018年創業のビットキー社は、創業時から怒涛の勢いで会社が成長し、広報のミッションや注力施策を年ごとに変化させてきた会社です。広報部を作ったばかりの会社にとっては、広報活動がどのように変遷していくのかをイメージする際の参考にしていただけると思います。

---

**事例**

# ビットキーの事業成長に 合わせた広報活動の変遷

---

2018年8月1日　（創業）

【事業の動き】

総額3.4億円の資金調達を実施

【広報部の動き】

・資金調達に関するプレスリリースを発表。PRサービスの利用を開
　始

---

2019年

【事業の動き】

クラウドファンディングサービスのMakuakeを利用して初製品
「bitlock LITE」を発売。スマートロック国内累計販売台数1位を獲
得するなど、初年度から大きく成長し始める。Nikkei FinTech
Startups Awards 2019入賞、日経トレンディヒット予測16位に選
出。創業1年以内に累計調達額10億円を突破　など

【広報部の動き】

（体制）

・事業部内に広報担当を配置

・経営陣（COO）が直接マネジメント

・PRサービスを活用しつつ、一人目の広報担当者（専任）を採用

（ミッション）

立ち上げ初期の広報。事業や会社に関する言語化と認知拡大

・企業と製品の認知獲得（「スマートロックと言えば、ビットキー」
　というイメージの醸成）

・資金調達に向けて実績作り（プレスリリース発表、メディア露出
　など）

（注力施策）

・製品取材、創業者インタビューなどの企業取材の獲得

・取材対応時のピッチ（会社・製品紹介）資料や想定問答作成

- 会社や事業についての言語化の実施
- X（旧Twitter）やMakuakeでのユーザー向け情報発信

---

2020年

【事業の動き】

Home事業・Workspace事業などの新事業体制に移行。パナソニック、ソフトバンクなど各業界大手企業との実証実験をスタート。東洋経済「すごいベンチャー100」、Forbes JAPAN「日本の起業家TOP20」選出、みずほ銀行「Mizuho Innovation Award」など各種アワードを受賞。総額39億円のシリーズA調達完了　など

【広報部の動き】

（体制）

- 投資家・社内・メディアなどのステークホルダー向けコミュニケーションを担当する部門として「コーポレートコミュニケーション」が発足。企業・事業広報は「x Relations」に名称変更
- 経営陣（CEO）が直接マネジメント
- 兼務の広報業務担当者を増員（社内報、X(旧Twitter)担当など）
- 新しいPRサービス（広報戦略、発信内容の相談）の活用を開始

（ミッション）

広報側面からの事業拡大支援、営業支援。社外に発信するメッセージに一貫性を持たせる

- 事業・製品の幅の広さを発信（「スマートロックと言えば、ビットキー」というイメージからの脱却）

（注力施策）

・各種アワード応募

・X(旧Twitter）でのユーザー向け情報発信を強化

・製品導入に関するプレスリリース発表、事例インタビュー記事の
　作成・公開

2021年

【事業の動き】

第2世代スマートロックの販売開始、パナソニック、東京建物など
大手企業との業務資本提携締結。日本郵便、佐川急便などとの「置
き配」実証実験開始。累計調達額90億円突破

【広報部の動き】

（体制）

・新設の社長室の傘下へ

・社長室長が兼任で広報部門のマネージャーに着任

・専任の広報業務担当者を増員（メディアリレーションズなど）

・引き続きPRサービス（広報戦略、発信内容の相談）を活用

（ミッション）

コーポレート広報、事業広報（新事業の言語化や提供価値の可視
化、経営課題への対応を目指す）

・企業イメージを「スマートロック」から「homehub / workhub」

へアップデート

・homehub / workhub の提供価値の言語化と理解促進
（「スマートロック」という単一製品ではなく、暮らしやビジネスを
コネクトする「hub」になることを目指す新事業に対して共感や仲
間が集まっている状況を可視化し、さらなる仲間集めを加速）

採用広報、社内広報

・エンジニア向けの企業認知を拡大
・社員間の理解、社内コミュニケーション促進

（注力施策）

・資金調達、業務提携系のプレスリリース発表
・取材やプレスリリースでhomehubやworkhubへの言及を強化
・「置き配」に関する物流各社との共同PR
・プレスリリースの裏側などを伝える社内向け「ちょbitkeyて」（読
み方：ちょびっときいて）開始
・エンジニア向け採用広報を開始
・社員向けのソーシャルメディア・ガイドライン公開

---

2022年

【事業の動き】

レオパレス21が管理する賃貸物件の約8割に当たる44万戸にビッ
トキーのスマートロック、homehubが採用されたり、野村不動産な
ど大手不動産会社が管理するマンション、企業のオフィスなどへの
導入が拡大　など

【広報部の動き】

（体制）

・引き続き社長室内に配置

・社長室長がマネジメント

・兼務の広報業務担当者を増員（採用広報や技術広報など）

・採用チームメンバーが採用広報業務を兼務

・引き続きPRサービス（広報戦略、PR切り口開発などの相談）を活用

（ミッション）

コーポレート広報、事業広報

・homehub / workhubの採用事例プレスリリースを通じた提供価値の可視化

・事業の理解促進（大手企業や自治体などに製品が「採用された（将来への期待）」という情報発信から「利用されている（実績）」という情報発信にシフトし安心感を醸成）

採用広報、社内広報

・エンジニア向けの企業認知拡大

・ビットキーでの働き方、キャリア理解促進

・後に採用部門や技術部門に採用広報を引き継ぐための準備

・社員間の理解、社内コミュニケーション促進

（注力施策）

・homehubやworkhub大型導入に関するプレスリリースや事例インタビュー記事の作成・公開

・月次で社内の出来事をまとめて共有する社内報「月刊ちょbitkeyて」、顧客の声を取材して社員に紹介する「クイックファンボイス」開始

・社員像を求職者に伝えることを目的にnote新シリーズ「What's your "KEY"」開始

・homehub / workhubの提供価値を潜在顧客などに具体的に分かりやすく伝えるため、製品導入した大手企業や自治体などとの取り組み内容について31件のプレスリリースを発表

---

2023年

【広報部の動き】　※2023年の取材時点の情報

（体制）

・採用広報、社内広報、エンジニア向け広報の実務を従来から連携していた各関連部門へ移管。コーポレート広報、事業広報をメインとする部門へ。各ステークホルダー向けにメッセージの一貫性を保つハブとして機能することを目指す

（ミッション）

コーポレート広報・事業広報

・homehubやworkhubの事業価値の証明（homehub/workhubが「採用された（将来への期待）」という情報発信から「利用されている、効果が出ている（実績）」ことに関する発信へシフト）

・会社の潜在的な課題を把握し、関連部門と連携したコミュニケーション施策による解決を目指す

・会社の次のステップ（事業拡大、上場など）に向けた準備、支援

（注力施策）

・製品導入効果や事業価値の可視化を目指した社内外協力者との連携、発信

・関連政策や法改正の確認、対応など、自社の次なる成長を促すための環境構築

　上記がビットキー社の事業成長に伴う広報活動の変遷です。同社の場合、商品ローンチ、売上拡大、事業成長（商品・ソリューションの拡大）までのステップを数年で駆け抜けており、それに合わせて広報体制、ミッション、注力施策を迅速かつ柔軟に変化させてきました。

　ただし、お話を聞くと、「後から振り返ればこのようにきれいに整理できますが、やっている最中は完全に手探りで進めていました」と言います。

　こういう認知を得るためにこの案件のプレスリリースを出そう、この取り組みの発信を何回やろうなどと、会社の成長スピードに合わせて形にしてきたということです。「どうすれば広報部が事業部を支援できるのかという視点を重視して、柔軟に変化してきた」というのが同社の広報チームの姿です。

様々な案件がスピーディーに動き続けてきたビットキーでは、「直近の案件状況」と「企業としての将来ビジョン」を交互に見定めながら企業や商品の価値をどのように伝えるべきかその時々に考えて、広報部のミッションや活動内容を更新してきたのです。

## 「正解」は走りながら考える

　さきほど説明したように、指針を設けることは非常に重要ですが、一方で社内外の環境変化が激しい成長中の小さな会社で最初から「絶対的な指針」を設定することは非常に難しいことです。

　どんな会社でも事業が安定的な成長に移るまでは、ある程度、正解は走りながら考える、見つけるという姿勢が必要になってきます。ビットキー社の事例でも、あとから振り返ると非常にスムーズに広報活動を拡大してきたように見えますが、当時は「手探りだった」という言葉が象徴するように、やはりトライ＆エラーを繰り返して今に至っているのです。

　企業としての経営上の目標と課題、その実現や解決を支援するために広報部として何をすべきか、何ができそうかと考えることは広報活動の基本ですが、やってみて「違うかもしれない」と思ったら柔軟に新しい指針を立て直して試すフットワークの軽さも小さな会社には重要です。

第 **7** 章

広報担当者の
採用と育成

# 広報担当者に向く人材

　採用の際に一つの大きな基準となるのが業務経験の有無です。様々な考え方があると思いますが、筆者は広報の業務経験は必ずしも必要ないと考えています。後ほど詳しくお話ししますが、いまは広報の経験者採用がそもそも難しい状態であることと、以前より広報支援サービスの種類が充実してきており、外部に育成支援を頼むことが可能になってきているためです。

　外部支援を活用できる余地があるのであれば、広報経験があるかどうかよりも、次に説明するような広報担当者に向く資質とスキルを持っている人材の採用を目指すことが重要です。

　ただし、社内にまったく広報ノウハウがなく、また外部支援に頼る予定がない場合には、ある程度経験がある人材を採用しないと広報活動が前に進みにくくなります。

　次にご紹介する図は、小さな会社の広報担当者に必要となる資質とスキルをまとめたものです。もちろん、会社ごとに求められるものは異なりますし、すべての条件が揃っていないと採用してはいけないという意味ではありません。入社後に新たなスキルを獲得したり、得意分野を伸ばすことで不得意分野を補ったり、外部支援を利用することもできます。

## 【小さな会社の広報担当者に向く特徴とスキル】

| | 項目 | 解説 |
|---|---|---|
| 考え方<br>行動の特徴 | 会社が目指す方向性や考え方への深い共感 | 会社を代表して情報発信を行う仕事なので、担当者自体が会社が目指す方向性や考え方を深く理解し、共感できていないと広報活動が機能しません。 |
| | 誠実な対応<br>（常識、良識を持つ） | 社内・外のステークホルダーとコミュニケーションを取るなかで、広報担当者が誠実さや常識・良識に欠ける行動を取ると会社全体の評判を落とすことにつながります。 |
| | 失敗を恐れない行動力 | 小さな無名の会社にとってはメディアとのリレーション構築一つとっても簡単には進みません。失敗をいとわず、自律的にさまざまなことにチャレンジして自社なりの"勝ち筋"を見つける必要があります。 |
| | フットワークが軽く、行動量が多い | 小さな会社の広報活動の難易度が高い以上、試しても上手くいかないことは日常茶飯事です。行動量を増やさないと自社なりの広報活動を確立するまでに不必要に多くの時間を要してしまいます。 |
| | 高い学習意欲 | 小さな会社の広報担当者は多くの場合、一人から数人です。特に一人の場合は細かな仕事の指示がもらえないことも多く、自ら業務を習得しようとする姿勢がないと広報活動全体が前に進まなくなっていきます。 |
| | 素早いレスポンス | 各方面に取材して最新情報を追っているメディア関係者が広報担当者に最も求めることの一つがクイックレスポンスです。レスポンスが遅いだけで取材機会がなくなることもあります。 |
| 必須スキル | 高度なコミュニケーション能力（キャッチアップ、企画、交渉、調整） | 社内外の重要ステークホルダーとコミュニケーションを取りながら、自社が目指すゴールを実現するのが広報担当者の仕事です。今の状況で、誰に対して何を伝えなければならないのか、どう伝えるのが最適なのかなどを考え形にするために、状況をキャッチアップ（理解）したり、企画、交渉、調整を行うための高いコミュニケーション能力が必須です。 |
| | 課題設定力、課題解決力 | 特に一人しか広報担当がいない場合などは、自ら周囲に助けを求めながら自社が置かれた状況を把握して今広報部がすべきことを考え、解決に向けて動いていく必要があります。 |
| | 最低限の文章作成力 | プレスリリースの作成をはじめ、オフィシャル文書を作成する機会の多い仕事なので、文章を書くのが極端に不得手な人は向かないと言えます。 |

　広報担当者として最も重要な資質は、「会社が目指す方向性や考え方に共感している」ということです。広報は全社を代表して社外とコミュニケーションをとる仕事であり、広報担当者の会社への共感や愛着は非常に重要です。

　広報の実務経験があることは良いことですが、過去に経験した業務に

慣れていても経験がない問題に対処できなければ意味がありません。一方で、会社の目指す方向性や考え方に共感している優秀な人材は、「この会社の成長のために広報としていま何ができるか」という視点に立って、その時々に必要なことを考え、実行することができます。業務ノウハウは外からでも補うことができます。

　実際に筆者がさまざまな広報担当者とお話をしていても、大きな成果が出せている会社の広報担当者ほど会社に対するエンゲージメントが高く、自社のことを誇りに思っていることが強く伝わってきます。


　また、広報担当者に最も欠かせないスキルは、「高度なコミュニケーション能力」です。ここでわざわざ「高度」と付け加えたのは、コミュニケーション能力として一般的に想起される「礼儀正しく、適切な意思疎通ができる」に留まらない能力を指すからです。

　広報担当者が行うコミュニケーションとは、例えば、時に渋る経営者や事業部長を相手に広報施策を成立させるために必要な情報や協力を引き出したり、メディア関係者や顧客を相手に提案や調整を行って取材を獲得したり、共同プレスリリースの発表に漕ぎ着ける、などといったことです。

　相手が多忙だったり、広報活動への理解が低かったりして協力的でないことは日常茶飯事です。そうした場面でも、粘り強く相手を説得したり、交渉や調整を繰り返したりして成果を出す必要があります。それだけ高度なコミュニケーション力が必要となります。

| | | |
|---|---|---|
| **あると便利な 経験・スキル** | 文章などコンテンツ作成経験、取材、編集経験 | 広報にはプレスリリースや採用広報記事など、さまざまな文章を書く仕事があるため、取材、編集、文章作成、その他さまざまなビジネス向けコンテンツ作成経験があると業務に活かしやすいです。 |
| | 公式SNSアカウントの管理、運用 | 自社のSNSアカウント運用をする際にそのまま経験が活かせます。 |
| | ビジュアルデザイン | 昨今、社員数名のスタートアップにデザイナーがいるなど、自社に関わるコンテンツのデザインを重視する会社が増えています。それに伴い広報担当者もデザインに関わる仕事が増えているので基礎知識があると便利です。 |
| | MC、司会 | 社内行事の司会や外部向けイベントの司会、動画コンテンツでのMCなど、広報担当者が対外的に話す機会が多い会社であればスキルが直接生かせます。 |
| | 法人営業（特に新規開拓）経験 | 筆者が個人的に考える、小さな会社の広報職に最も活かせる前職経験は法人営業（特に新規開拓）です。高度な企画、交渉、調整力、開拓能力が必要な仕事で培ったスキルを広報業務で活かせると考えます。 |
| | メディアでの職務経験 | メディア側のインサイトを良く理解できているとメディアリレーションズ業務において仕事がスムーズに進みます。 |

　ここに挙げた「あると便利な経験・スキル」は、一般的に多くの会社の広報活動で役に立つことが多い経験、スキルをまとめました。いずれも最初から持ち合わせていなくても問題はありません。

　広報業務に役立つ他職種の業務経験としては、法人営業（特に新規開拓）が挙げられます。さきほど説明した高度なコミュニケーション力を要する仕事なので、広報担当として行う社内・外のステークホルダーとのコミュニケーションに活かせるためです。

# 小さな会社こそ広報担当者 一人ひとりの能力が重要

　さきほど、採用する対象者が上記の項目すべてを持っている必要はないとお話ししましたが、リソースが少ない小さな会社ほどできる限り上記の特徴やスキルを持つ優秀な人材を採用することが求められます。小さな会社ほど担当者の数が少なく、担当者の能力がそのまま会社の広報能力になるからです。

　小さな会社では、未経験者が一人で広報活動を行うこともよくあります。こうした場合、育成支援を受けられたとしても、基本的に担当者が一人で仕事をキャッチアップしながら社内を巻き込み、さまざまな施策を前に進めることになります。外部支援が届かない場面では、誰からも細かい仕事の指示を得ることができません。

　だからこそ、こうした広報担当者ほど「いま広報部が何をすべきなのか」を主体的に考えたり、「ゼロから実行方法を模索して形にする」最低限の力が必要です。すべてのことを一人で解決することはできないので、上手に社内外から協力を得たり、失敗を繰り返しながら前に進むバイタリティも求められます。

　ここから言えることは、リソースの少ない小さな会社が「経験もスキ

ルも足りない人材」を採用するとツケがとても大きくなるということで
す。昨今、「ひとり広報」という言葉があるように、未経験者が一人き
りで広報担当をしている会社はたくさんありますが、最終的な成果に結
びつけるために、広報担当者の採用はとても重要です。

　また、新人の広報担当者に求めすぎたり、任せ過ぎたりしても上手く
機能しません。経営者自身をはじめとする、広報部に対する社内の協力
体制が重要です。

> **事例**
>
> # 他社はどんな基準で広報担当者を選んでいるのか

　他社では実際にどのようなポイントを重視して広報担当者を選んでい
るのでしょうか。ここで事例をご紹介します。

---

**【事例：クラシコムの人選ポイント】**

クラシコム広報担当の馬居優子さんの場合は、同社が運営するユー
ザー向けWebメディアの編集、ライター職の経験と実績を買われ
て広報担当として働くようになりました。採用の決め手は広報経験
よりも、①同社代表の思いや意図を的確に把握し発信できる能力②
他者と良好な関係が築ける、また問題が起きても上手に解決できる
コミュニケーション能力③勝手な判断で事実を隠したりしない誠実

な対応力④ミッション・ビジョン・バリューへの共感とのことで
す。

---

**【事例：ビビッドガーデンの人選ポイント】**

ビビッドガーデンに在籍する2名の広報担当者のうち、採用時に業
務経験があった方は1人のみです。同社では、業務経験やスキルよ
りも①社内外のステークホルダーと自ら率先して良好な関係を築け
る能力があるかどうか②自ら目的を考えて、達成のために能動的に
行動できるかどうかを重視しているとのこと。現状の広報部の主な
仕事はメディア露出作りですが、メディア露出によって何を実現し
たいのか、真の目的を考えてその達成のために最適な活動ができる
人であることを重視しているそうです。

---

**【事例：10Xの人選ポイント】**

10Xでは基本的に経験者採用をしています。ただし、広報の専門的
な業務スキルを高めることを優先する人材は避けていると話しま
す。特に小さな会社は、事業フェーズによってはメディアリレー
ションズや露出獲得が最優先ではない時期があるなかで、業務内容
にこだわる人材だとミスマッチが生じる可能性があるためだそうで
す。スピーディーに変化していく事業に合わせ、その時々に必要な
広報活動を実行できる能力を重視しているそうです。また、事業、
組織への深い共感が必須で、これがないと事業のフェーズが変わっ
た時にモチベーションが続かないと考えていると話します。

【事例：ヤッホーブルーイングの人選ポイント】

ヤッホーブルーイングの広報担当者は4名おり、全員が未経験から
の異動か新卒採用で配属されました。ヤッホーブルーイングでは、
広報部門の「存在意義」として、1）メディア露出を通してあらゆ
る人々にヤッホーブルーイングのことを好意的に思ってもらう、
2）メディアの人の知的好奇心をくすぐってヤッホーブルーイング
のファンになってもらう、を掲げています。

この達成を目指して、業務経験よりも①経営理念の理解と体現②誠
実さ③情熱的で自社製品が好き④冷静かつ客観的⑤オープンマイン
ド⑥メディア露出獲得のために迅速に行動できること、を広報担当
者に求める6つの「行動規範」と定めています。

【事例：Sansanの人選ポイント】

Sansanでは、現状は広報の経験者採用を強化しています。広報と
してのスキル・経験も一定程度は求めるものの、最も重視している
のはSansanのカルチャーにフィットするかどうかです。同社では、
創業時から掲げる「Sansanのカタチ」（ミッション、ビジョン、バ
リューズ）があり、これを体現できるポテンシャルがあるかどうか
を過去の行動、成果などから判断するとのこと。また、変化のス
ピードが速い会社なので、そうした環境が合うかどうかも重視する
とのことです。

# 広報担当者に「向かない人材」を 見抜く方法

　１人目の広報担当者を採用する際は、社内に広報知見がないことがほとんどです。経営者や人事では、エントリーしてきた人材が自社のカルチャーに合うかどうか、自社が求める優秀な人材かどうかは見極められれても、広報担当者の向き不向きまでは分からないかもしれません。

　そんな時は、その求職者が過去に交渉、調整能力を活かして仕事をしたことがあるか、そのなかで成果を上げてきたかを確認することをお勧めします。さきほどお伝えした「高度なコミュニケーション能力」のことです。また採用面接では、「この人は本当にうちの社長や部長を相手に、的確に情報をキャッチアップしたり困難を伴う交渉や提案をすることができそうか」という観点でも確認しましょう。

　広報の専門知識や技術は外部に支援してもらえたとしても、社内との交渉、調整だけは必ず広報担当自身がしなければなりません。特に広報担当者が一人しかいない場合はさらに重要です。しかし、交渉、調整という踏み込んだコミュニケーションは、苦手とする人も多い分野です。またこれらの業務は、主体的に課題を見つけて解決方法を提案したり、行動力を発揮して物事をやり遂げたりする能力が必要なため、広報担当者に向く人材を見極める一つの指標になると考えます。

　筆者の経験上、この能力を発揮できる見込みがない人材は、残念なが
ら他にどんなに向いていそうなスキルや経験があっても広報担当者とし
ては活躍できません。社内向けの交渉、調整の話は広報経験がない経営
者や人事担当の方でもイメージしやすいと思いますので、参考にしてい
ただければと思います。

# 広報担当者は兼務でも 大丈夫なのか

　会社によっては、メディアリレーションズをメインとする広報活動を
進めたいけれど、まだ組織としてできることが限られているので広報の
専任担当者は置かないと判断する会社もあると思います。たしかに、小
さな会社が広報活動を始めたばかりの頃は、やれることが多くはないか
もしれません。

　しかし、小さな会社ほど早めのタイミングで広報担当者を専任にしな
いと機能しなくなる可能性が高いです。特にメディアリレーションズの
業務に関して、何をすればいいか分からない、やれることが少ないゆえ
に、小さな会社の広報担当者はイベント運営などマーケティング関連の
仕事や採用関連の仕事、SNS・ブログの更新など進捗や成果が見えやす
い業務を兼務しがちです。

そうなると、兼務の仕事に時間を取られるがために、一層メディアリレーションズ業務を行うことができないというジレンマが生じます。小さな会社の広報活動は、メディア側から来る取材依頼に対応するのではなく、ゼロから関係構築を行って提案によって取材を引き寄せる必要があり、むしろ難易度が高い活動です。なかなかメディア露出という成果が出せないなかで、多くの会社では次第に進捗や成果が見えやすい兼務の仕事の割合が増えていっているようです。こうなると広報活動が尻すぼみになります。

　広報活動が早々に上手くいかなくなる会社のなかには、第3章で紹介した「広報部立ち上げの5つの条件」が揃っていなかった会社もあるはずです。そうした会社は例外として、この5条件が揃っている会社の場合は、積極的に自社の広報活動を拡大することに広報担当者のリソースを配分すべきです。

　広報活動を始めるのであれば、経営者は腹をくくって広報部にある程度の投資をする必要があります。そこまでの投資はできないと判断をするのであれば、まだ始める時期ではないのかもしれません。
　最初から専任でないと絶対にダメというわけではないので、1年目は兼務で徐々に広報業務を拡大していき2年目からは専任にするなどでも良いでしょう。
　その後、さらに広報活動が拡大したら、今度は兼務でも良いので2人目の広報担当者を早めに置くことをお勧めします。広報業務を個人の能力に依存してしまうと、個人が退職した後に社内にノウハウが残りづら

くなるためです。

# 経験者を採用する方法

　ここまで、広報業務未経験者を採用しても問題ないことをお伝えしてきましたが、それでももし経験者を採用したい場合はどうすれば良いのでしょうか。小さな会社が、一人でも十分な広報活動ができるベテラン広報経験者を採用するための方法はあるのでしょうか。

　スタートアップや中小企業などの広報部の歴史の短さを考えると、広報経験者の数自体が他の職種と比べてまだ多いとは言えません。また、最近まで広報部はほとんど大企業にしかありませんでしたが、大企業の広報担当者が仕事の勝手が異なるスタートアップや中小企業に転職することもあまり多くないと考えられます。転職市場に出てくる経験者が少ない以上、経験者採用のハードルはどの会社にとっても高いと言えます。

　それでも経験者の採用を目指す場合には、現状、リファラル（紹介）採用がお勧めです。ベテランと呼ばれる企業広報経験者やPR会社出身者は、企業フェーズ、商品・サービス内容、業績推移などを見ればその会社の広報活動の難易度がおおむね分かります。

そこで転職を考えているベテランは、広報活動が会社の成長に寄与しやすい状況にある会社に直接自分を売り込んで転職することがあります。こうした状況を踏まえ、「この会社で広報をしたい」と思わせられるポイントをアピールしつつ、SNSなどを通して経営陣などがリファラルで広報経験者を探す方法がお勧めです。転職エージェントだけで探すよりもマッチングする可能性が高まるはずです。

# 異動か採用か

　新しい広報担当者を置く際に、異動がよいのか、採用がよいのかという疑問があります。結論としては、どちらでも大きな差はありません。もしさきほど挙げた特徴やスキルを持つ人材が社内にいて、広報担当になる意欲があればそれがベストです。社員であれば、当然会社のことをすでによく理解しており、かつ社内に人脈もあるからです。

　これは新卒採用者を広報担当にする際も同じことが言えます。同期などとのつながりを仕事のなかに活かせるからです。さまざまな部署に散らばる同期社員の人脈を社内の情報キャッチアップや交渉などに十分活かすことができるでしょう。
　また、新卒の広報担当者が経験を積んだ後にローテーションで他部署

に異動すれば、異動先の部門に広報部の考えや活動内容を広めていくことができます。もし広報部に新人育成ができる体制があるのであれば、上記のメリットを享受するために新卒を配属することも考えられます。

とはいえ、結局の所、会社理解や人脈づくりは後からでも十分行うことが可能です。そのため外からの採用でも大きな問題とはなりません。

気をつけなければいけないのは、採用コストを抑えるためなど後ろ向きの理由で社内異動を検討するパターンです。他の業務を主担当としている人に広報業務を"とりあえず"兼務で任せたり、他の部門で伸び悩んでいる人の配置転換先として"とりあえず"広報担当にしてみるなどです。広報担当が会社を代表する立場で仕事をする職種であることを考えれば、これが上手くいかないのは明白です。

## 未経験・新人広報担当者の育成

未経験から広報担当者になる場合、最低限身につけなければならない知識、技術が多岐にわたるため、自立にはある程度の時間がかかります。では、どのくらいのスピードで、何ができるようになっていれば広報担当者として順調なスタートが切れていると言えるのでしょうか。

小さな会社の未経験、1人目広報担当者が入社し、広報に関する基礎知識を身につけるところからメディアリレーションズ業務を一通り経験

し、応用業務に進むまでのステップとそれができるようになる目安の時間をまとめました。

**【新人広報担当者の業務経験ステップ】**

| 目安時間 | ステップ | 内容 |
|---|---|---|
| 半年から1年程度 | 1 | 企業における広報活動の基本的な役割を理解する（基礎知識のキャッチアップ） |
| | 2 | 自社の広報活動の目的、期ごとの目標、評価方法を決める（経営者との相談によって決定） |
| | 3 | 社内からの情報キャッチアップ体制の構築（経営者、各部門長などからの情報収集ルートの確保） |
| | 4 | プレスリリース作成、配信ができる体制構築（作成方法習得、プラットフォーム契約など） |
| | 5 | メディアに関する知識を習得（第4章「メディアリレーションズの4つの必須アイテム」を揃える、メディアの種類、ビジネスモデルなどの理解、自社のターゲットメディアの特定、メディアが求める情報とは何かなどを理解する）、取材対応を実際に経験する |
| 1年〜2年程度 | 6 | 取材対応の知識と経験を持つ（メディアへのアプローチや取材対応など最低限必要な知識を身につけ経験回数を増やす） |
| | 7 | 自社と関係性の高いメディアとの関係構築をスタート／一通り完了させる |
| 2年〜5年以上 | 8 | 自社の広報の目的を踏まえ、戦略性を持ってメディアへの売り込みができるようになる |
| | 9 | 経営戦略から逆算した広報活動の目的を自ら設定し、各種施策を企画・実行できる |
| | 10 | 危機管理広報など会社に必要な広報機能の開発ができる |
| | 11 | 組織の管理、メンバーのマネジメント、育成 |

※上記はメディアリレーションズ業務を中心にまとめましたが、会社によっては並行して社内広報、採用広報などその他の業務が入ります。

　1から5は、取材対応を除いて社内で完結できるため比較的キャッチアップしやすい知識、スキルです。全くの未経験でも外部支援を効率よく利用すれば半年から遅くとも1年程度で未経験者でもキャッチアップできるでしょう。
　6〜7に関しては、メディアとの関係構築、取材対応の経験を徐々に

し始める段階です。これは自然に取材依頼が来る会社でない限りは、1
〜5で得た知識、ノウハウを使って自社からメディアに提案することで
はじめて経験できる業務です。

　そのため個人のスキル、会社の状況によってかかる時間が大きく変わ
ります。おおよそ1〜2年程度と考えられます。8〜11は担当者の希
望や各業務の得手、不得手も関わってきますが、少なくとも2〜5年以
上の経験が必要になってきます。

　留意していただきたいのは、特に6以降は元々メディア側から取材依
頼が来るような会社ではない場合、未経験者が一人だけでキャッチアッ
プしていくのはかなり困難な業務だということです。上記は適切な支援
を受けられていることを前提にした数字です。状況によっては上記の年
数は必ずしも当てはまりません。

　これらの数字は、個人の資質や広報専任か兼任か、社内・外の支援を
どれくらい得られるかなどによっても大きく変わりますので目安として
ご覧ください。ただし、すでに広報部がある会社で、この数字から大き
くずれている場合は、広報活動の体制を一度見直してみることが必要か
もしれません。


　上記のタイムラインを踏まえ、社内に広報ノウハウがない場合には、
一時的であっても育成支援などの外部サービスを活用することは一つの
手です。未経験の広報担当者が一人きりで手探りで行う広報活動では、
目指す成果が出るまでに時間がかかり過ぎる懸念があります。


　一方で、メディアからの注目度が高く、取材依頼が来ることが多い会
社などでは、未経験の広報担当者が外部支援を頼らずに活躍している

ケースもあります。無名の会社がゼロからメディアとのリレーションを築くことが最初の難関ですが、こうした会社では取材依頼が来たメディアとリレーションを築くことができたり、取材対応経験から学べるチャンスがあるためです。

　さきほど紹介した広報担当者に向く特徴とスキルを持つ優秀な人材であれば、未経験であっても置かれた環境のなかでどんどん仕事をキャッチアップして成果を出していきます。

　自社が置かれた状況、担当者の経験、資質を客観的に見極め、自社に必要な広報活動が行える体制を整えることが重要です。

第 **8** 章

# PR会社・PRサービスの
# 活用方法

# PR会社・PRサービスには
# どんな種類があるのか

　PRサービスを活用する際に重要なことは、各PR会社やフリーランス人材の得意分野や体制、提供しているサービス内容を正しく理解した上で上手に使いこなすことです。

　一概にPRサービスと言っても実は中身には様々な違いがあります。また、一般的にPR会社はBtoC企業の支援をすることが多いです。そのためメディア露出が難しい小さなBtoB企業などは、PR会社、PRサービスの特徴を理解した上で効果的に依頼しないと「時間とコストが無駄になった」ということにもなりかねません。

　PR会社やフリーランスPR人材の体制や提供しているサービスの大枠の違いは以下の通りです。

## 【PR会社・フリーランスPR人材の特徴】

| | PR会社<br>（総合型） | PR会社<br>（専門特化型） | フリーランス<br>PR人材 |
|---|---|---|---|
| スタッフ構成 | ・多様なスキルを持つ人材が所属<br>・多数のスタッフが在籍しチームで案件を担当 | ・特定分野に精通したスタッフが在籍<br>・チームなどで案件を担当 | ・得意分野を中心に個人で業務を担当 |
| 提供<br>サービス範囲 | 戦略策定、メディアプロモート、危機管理、研修、各種広告施策など包括的に対応 | 食品、アパレルなど特定業界や、TV、地方、海外など特定分野に特化したサービスを提供 | 個人の経験を踏まえ、得意分野を中心にサービスを提供 |
| 対応可能な<br>プロジェクト<br>規模 | 大規模なプロジェクトに対応可能 | 中規模なプロジェクトに対応可能 | 小規模なプロジェクトに対応可能 |
| バックアップ体制 | 担当者以外のバックアップ体制が充実している | 一般的に社員数はさほど多くない | 個人の能力やネットワークに依存する |
| 予算イメージ<br>※ただし、会社、個人に関わらず提供内容によって大きく変わる。 | 100万円〜 | 50万円〜 | 20万円〜 |

　次に、専門特化型の「専門分野」について説明します。総合型以外の会社やフリーランスPR人材は、特定の業界や施策に専門特化したサービスを提供することが多いです。分野を絞ってリソースを使うことで、特化している分野では比較的低価格で大手にも負けない成果を出せるように工夫しているのです。一定のニーズがあり、業界特有の特徴や慣例、リレーション構築が重要となる領域向けなどに特化型のPR会社が存在します。専門分野には次のようなものがあります。

## 【専門特化型PR会社／個人の専門分野例】
・美容・コスメ・ファッション
・ライフスタイル全般
・自動車

・食品

・医療、ヘルスケア

・BtoB

・スタートアップ

など

---

【施策別の専門分野例】

・テレビ露出

・地方に拠点を持っており、地域の特色に合わせたPR

・展示会・セレモニーなど各種イベント

・パブリックアフェアーズ

・リスクマネジメント、危機管理

・社内報の作成、発行支援

・広報人材育成

など

---

　そして、これらの会社、個人が提供するPRサービスの種類としては、以下のようなものがあります。

---

【PRサービスの種類】

・広報活動全般の戦略、個別施策の企画から実施

・メディアプロモート実施

・プレスリリース作成、配信

・取材立ち会い

・記者向けイベント（大規模な記者発表、小規模な勉強会など）の

> 企画、実施
> ・ファクトブック作成
> ・ニュースレター作成、配信
> ・リスクマネジメント、危機管理広報支援
> ・研修の実施（メディアトレーニングなど）
> ・広報人材育成（業務伴走型、講座型）
> ・海外広報
> ・各種広告施策（オウンドメディア運用、コンテンツマーケティング、ソーシャルメディア運用など）
> など

　総合型のPR会社の場合は、基本的に上記の施策をトータルで支援できる体制があります。一方で、特化型のPR会社や個人の場合は、「この分野、この施策は得意で実績も豊富だけれど、こちらの分野、こちらの施策に関しては対応できません」ということがあります。

　例えば、「メディアプロモートに特化したサービスを提供しています」という会社（あるいは個人）の場合、「専門性の高い危機管理広報や広報人材の育成は対応できません」ということがあります。また、小規模なPR会社、個人の場合は、小規模な記者向けセミナーは運営可能だけれど、大規模な記者発表会の運営実績はありません、ということがあるかもしれません。

　そのため、さきほど挙げた「どの分野」に強いのかと併せて、「どんなサービス」が提供できるのかまで確認する必要があります。適切な支援サービスを探すためには、会社・個人の「体制」×「得意分野」×

「サービス内容」×「費用」を把握しておくことが重要です。

　例えば、社内人材を育てて社内にノウハウを蓄積したい場合に、メディアプロモート支援だけをお願いしても自社の目的は達成できません。自社のニーズをあらかじめしっかり洗い出した上で、どんなサービスをどのくらいの料金で提供しているのかを確認して適切なPR会社（個人）、PRサービスを見つけましょう。

# PR会社・フリーランス<br>PR人材への依頼の仕方

　前提として、外部の支援サービスを上手に利用するには、①自社が置かれた状況を客観的に把握してどんな支援が必要なのかを割り出す、②支援サービスにはどんなものがあるのかを理解して適切なサービスを選ぶことが必要です。

「メディアプロモート部分だけを外注したい」会社がある一方で、「自社に適した広報活動をゼロから一緒に考えて欲しい」という会社もあるなど、さまざまなケースが考えられます。まずは、自社の「広報活動の目的」とそれを達成するためのKPIや課題を明確にし、そのために足りないリソースを踏まえて、必要なPRサービスを探しましょう。

　依頼する際は、依頼したい内容や背景をまとめた依頼書を作成し、そ
れを踏まえてPR会社やフリーランスのPR人材にどんな金額でどんな
内容の支援ができるのか提案してもらうようにします。

　広報活動に不慣れであれば不慣れであるほど、できるかぎり複数の会
社（個人）から直接話を聞くことをお勧めします。PRサービスは、同じ
サービスでも提供しうる内容に幅があるため、会社（個人）によって金
額に幅があります。自社に合ったサービス内容とその適切な金額は、相
見積もりを取ることでより正確に把握することができます。


　また、PR会社（個人）を探す際、口コミはとても有効な方法ですが、
教えてくれた人の会社と自社の置かれた状況がまったく違う場合には参
考にならないケースがあることに注意が必要です。PR会社や個人に依頼
内容を説明する「依頼書」に含めるべき項目は以下の通りです。

---

【依頼書に記入するべきこと】（ダウンロード資料：PR会社への依
頼書フォーマット）


（自社の状況説明）
■企業紹介
・企業理念、経営体制、沿革、事業内容、商品・サービス、企業文
化など自社の特徴や強み
・業界での立ち位置や競合他社、ベンチマーク企業やサービス

■自社の広報部の体制、現状の活動内容
・広報部の組織、人員

---

・広報活動の目的

・現状の活動内容（実施中の施策、広報活動のKPI、課題など）


（依頼内容説明）

■**依頼内容、依頼背景の説明**

・依頼したい業務内容、範囲、背景の説明

（広報活動の現状分析、戦略策定から各種広報施策の実行まで広報活動のトータル支援を依頼するのか、メディアプロモート、記者発表会の実施、プレスリリースの作成など個別の広報業務の外注を依頼するのか、広報担当者の育成を依頼したいのかなど、あらかじめ明確にしておくとスムーズです。依頼内容を伝える際は、「依頼の背景」や「依頼によって目指すゴール」を必ず一緒に伝えましょう。同じメディアプロモートの支援を依頼するにも、業務の外注がしたい会社と社内人材を育成したい会社では適切な支援が異なります。このように相談すると、プロから見て依頼内容が最適でない場合に自社に向いた提案をしてもらうこともできます）


■**期間と予算**

・支援を依頼したい期間と予算

（相談して決めることもできます）


■**提案書に記載して欲しい特記事項**

・担当者の情報（メンバー体制、専門分野、スキル、過去の担当実績）

など、自社の要望に合わせて

　これらの要素をあらかじめ相手に伝えることで、自社に合った効果的な支援の提案を受けられる可能性がぐっと高まります。

　また、企業から提案を受けて実際に契約に進む際には、改めて「どこまでが今回の契約で実際に動いてくれる業務範囲なのか」や支援条件などを細かく確認しましょう。そのPR会社（個人）が「対応できる」ことと、「今回の契約で対応する」ことは別問題です。基本的に稼働量に合わせた見積もりになっているはずなので、今回の契約（金額）では「○○はやりますが、○○はできません」という線引きがあります。

　ここまで、専門分野や提供しているPRサービスなどをもとに、PR会社やフリーランスPR人材の種類や選び方をお伝えしてきましたが、最後に支援先を選ぶ上である意味最も重要な要素について説明します。それは、実際に自社を担当する「担当者との相性」です。

　PR会社を適切に選ぶだけでなく、担当者とも上手くマッチングできていないと期待通りの成果が得られない可能性が高くなります。担当者自身に求めるスキルや経験があるのか、上手くコミュニケーションが取れるかどうかは重要です。なぜなら会社全体としては多くの実績があったとしても、担当者個人としてはその分野はあまり経験がないということが実際にあるからです。担当者が1人の場合はなおさらです。

　スキルや経験だけではなく、自社の要望を丁寧に聞いて実現に向けて積極的に動いてくれそうかどうかなども確認します。依頼内容を伝える際や自社のサービスについて説明する際などに、こちらが伝えている内

容を的確に理解できているかどうか、通り一遍の提案ではなく自社にとって最適な支援をしようとしてくれているかなどを確認しましょう。

　また、企業の評判を高めることも下げることもある広報活動だけに、相手の倫理観や判断力、また業務遂行のスピード感などに違和感がないかどうかの把握も大切です。会社のイメージに左右されず、実際に業務を委託する担当者が適任者かどうかも確認してから契約に進みましょう。

# 失敗例から学ぶ「依頼」の基礎知識

　ここまで依頼の注意点についてお話ししてきましたが、不慣れな企業にはなかなかイメージしづらい部分があると思います。そこで実際の例を挙げながら、企業が起こしがちな失敗を紹介します。自社が同じ過ちを起こさないように参考にしてみてください。

ケーススタディ①　「BtoB企業なのにBtoCに強いPR会社に発注した」

自社の新サービスであるBtoB向け経費精算SaaSの提供開始に合わせてPR会社を検討。TV露出に強いPR会社に知り合いがいたので依頼したが、半年経っても全く取り上げられなかった。

【こうすれば良かった】

TVに強いPR会社であれば、どんな商材でもTV露出させられる訳ではありません。広報したい商材（BtoC、BtoB）に合ったPR会社なのか、広報したいターゲット（例の場合は経理担当者）向けメディアに詳しいのかを必ず考慮する必要があります。BtoBだと不可能という訳ではないですが、TVは基本的にはBtoCの商品、サービスと親和性が高いメディアです。紹介してもらった、単純に有名だからといった理由でPR会社を選ぶと同じようなミスマッチが簡単に起こります。今回の場合は、BtoBサービスの広報を得意とするPR会社や個人に依頼する必要がありました。

ケーススタディ②　「自社の広報活動の目的に合わないPRサービスを活用している」

環境配慮型の食べられるスプーンを開発。発売するにあたり多くの消費者にスプーンの存在を知ってもらおうと、PR会社の提案で芸能人を招いた「食べられるスプーン×最新食べ歩きスイーツ」をテーマにしたイベントを開催。TV番組や情報誌などを中心に多くのメディアでイベントを紹介してもらうことができた。しかし、これらの露出では、本来伝えたかった環境配慮型スプーンの機能や優位性、開発背景、SDGs達成に向けた企業姿勢が全く報道されなかった。そのため広報戦略を見直し、商品PRよりも社会課題に関するPRが得意なPR会社に切り替えた。

【こうすれば良かった】

自社の広報活動の目的、目標、課題を棚卸しした上で相手に伝え、目的が達成できる施策の提案を求めましょう。その際には、PR会社や個人の得意分野や過去の実績を確認しましょう。

---

ケーススタディ③ 「担当者とコミュニケーションが上手く取れない」

プレスリリース作成、配信、クリッピング（掲載確認）業務を委託しているが、業務の進捗状況や掲載結果の情報が一向に共有されず、毎回こちらからリマインドしなければならない。

【こうすれば良かった】

最適なPR会社を探すだけで満足するのではなく、担当者の対応力も見極めてから契約しましょう。過去実績だけでなく、打ち合わせでコミュニケーションに支障がないかなど、気持ちよく一緒に仕事を進められる相手かどうか見極めましょう。

---

ケーススタディ④ 「自社にノウハウを蓄積することができていない」

新たに広報部を立ち上げて広報担当者を任命。しかし、社内に知見やノウハウがなかったので、自社とメディアとの関係構築やプレスリリースのメディアプロモートなど一部の業務を委託した。委託先は、メディアプロモートの結果は共有してくれるが、メディアのコ

ンタクトリストや自社に対してメディアがどんな印象を持ったのか
などの細かい報告がなく、結局社内に知見やノウハウを蓄積するこ
とができなかった。

【こうすれば良かった】
自社のニーズをしっかり伝えて支援内容を提案してもらうととも
に、業務開始前に契約上の業務範囲や支援条件を確認しましょう。
そのPR会社・個人が「対応できること」と、「今回の契約でどこ
まで対応するか」は別です。どこまで自社の要望が実現されるのか
契約の確認が必須です。また、自社にノウハウを蓄積することを優
先したい場合は、伴走型の広報部立ち上げや育成支援を行う専門会
社、専門サービスを選ぶことも一つの手です。

ケーススタディ⑤ 「育成支援を利用しても、新人広報だけでは広
報活動はできない」

自社にノウハウを蓄積するため人材育成型サービスを活用。1on1の
伴走型で新人広報担当者にとって最も難易度が高い広報活動の戦略
策定や施策の企画から実行力まで身につけられる支援を依頼した。
しかし、会社は広報活動のすべてを支援会社と新人担当者に丸投
げ。担当者は業務のキャッチアップに精一杯で、最終的な広報活動
の成果までたどり着けなかった。

【こうすれば良かった】
どんなに育成支援を受けてもいきなり新人がベテランのように動け

るようにはなりません。キャッチアップに時間がかかることを前提
に、新人広報担当一人で経営者や社内から情報を集めて広報施策の
実行まで導くのはかなりハードルが高いことだと理解する必要があ
ります。小さな会社の場合は、経営者が率先して社内に広報活動の
バックアップ体制を整えることも重要です。

# PRサービスを利用するための費用

　続いてPR会社やフリーランスPR人材に支払うサービス費用の例を
紹介します。さきほどもお伝えした通り、PR会社（個人）の提供するPR
サービスは金額に幅があります。それは、担当者のスキルや人数、問題
が発生した際のバックアップ体制、対応範囲の細かな違いなどに起因す
るものです。この違いは、それぞれの会社、個人にサービス内容を聞か
ないと分かりません。どんなサービスをどのくらいの価格で提供してい
るのかは、相見積もりを取って感覚値を養うことをお勧めします。

　PRサービスの費用についてまずは次の点に注意して検討していただ
ければと思います。

【PR会社の費用を検討する上での注意点】
・できるかぎり複数のPR会社や個人から見積もりを取り、比較検討する
・同じサービスでも各社（個人）がどの業務まで対応するのか細かく確認する
・依頼内容の成果が見込めるまでにかかる期間を確認する
・大手PR会社は体制が充実している分、提案が高額になりがちなので自社にとってオーバースペックな提案になっていないか確認する
・予算に限りがある場合は領域を絞って依頼し、自社で対応できる部分と組み合わせて成果を出すことを目指す

【契約パターン別費用の一例】
PRサービスの費用は、サービス提供企業（個人）の体制や規模、サービスの種類や規模、期間などによって大きく異なります。ここでは、小さい会社向けの代表的なパターンを紹介します。

①リテナー契約（月額定額制）
長期的な契約期間を設けることが一般的で、通常、継続的に企業の広報活動を支援してもらう場合に適しています。具体的な活動内容は契約によりさまざまです。大手PR会社や業界特化型のPR会社では、チーム構成や活動内容によって月額数百万円になることがあります。中小企業向けに月数万円から10万円程度で月1回ミーティングで相談できるようなサービスもあります。

・施策内容と費用例：

施策内容：コンサルティング、定例会議、リリース作成/配信、メディアプロモート、露出報告など

費用：数十万円〜／月額

※契約内容により大きく異なる

②施策ごとの契約

単発のプロジェクトに対する契約です。記者会見の開催やプレスリリースの作成と配信、メディアトレーニングなどがこれにあたります。広報部で対応しきれない一部のプロジェクトを外部委託する場合などに適しています。

・施策内容別の費用例：

・プレスリリースの作成・配信：数万円〜25万円程度

※プレスリリース作成の方法やメディア配信先の数などによって費用が変動します。

・イベント企画・運営：20万円〜100万円前後

記者発表会やメディア向け勉強会などのイベントを企画、開催するサービスです。

※イベントの目的や形式（オンライン・オフライン・ハイブリッド）、企画内容、会場費、機材費などによって費用が変動します。タレントや有名人を招聘する場合など、特別な要素がある場合はかなり高額になるケースもあります。オンライン形式での記者を集め

るスタイルであれば数十万円から実施可能な場合もあります。

・メディアプロモート：20万円前後〜
商品、サービスをメディア露出させるために働きかけるサービスです。PR会社（個人）がクライアント企業の商品、サービスなどの特徴を理解し企画書にまとめてメディアに取材提案などを行います。
※アプローチ先や件数によって費用が大きく変わります。

・ファクトブック制作：数万円〜数十万円程度
ファクトブックの作成サービスです。
※企画、調査、ライティング、デザイン、著名人を起用した動画制作などの要素によって費用が異なります。予算がある企業の場合は、動画など含め200万円以上のものを作成することもありますが、中小企業やスタートアップでは数万円から数十万円程度のものを使うことが一般的です。

・メディアトレーニング：10万円〜数十万円程度
企業の代表など向けにメディア対応の基礎知識や実践トレーニングを提供するサービスです。
※座学や記者経験者を呼んだ模擬トレーニングを行うと100万円以上かかることもあるなど、規模と内容によって費用が変動します。

③成果報酬型の契約
TV番組での露出など、成果に応じて費用が発生する契約です。費用は実際に得られた成果により異なります。初心者には使い方が難

しいため、サービス内容をよく理解した上で選択することが重要です。

・施策内容と費用例：
明確な規定や指標がある訳ではなく、例えば「TV番組露出」に対する報酬も、露出の形式、放送時間帯、視聴率など様々な要素によって変動します。一例としては、TV番組の露出で100万円〜300万円程度の報酬が設定されることがあるようです。この報酬には、メディアプロモートだけでなくコンサルティングなどの費用が含まれる場合もあります。

# 講座やコミュニティを活用した自習方法

　PRサービスに頼る前に自己学習で基本知識を身につける方法もあります。インターネット検索などで探せる各種有料講座のほか、広報関連の書籍や専門誌、さまざまな広報担当者が書いたnote記事、PR会社などが運営するWebサイトなどでも広報関連のノウハウを手軽に学ぶことができます。

　また、このほかにも有料、無料、規模の大きいもの、小さいものなど多様な広報コミュニティが存在します。こちらはインターネット検索で

見つけられるものから紹介制のものまでさまざまです。自社に合ったものを見つけるためには、まず無料の広報セミナーや交流会などに参加し他社の広報担当者と情報交換するのが良いでしょう。交流会の中にはメディア関係者が参加するようなものもあります。友人、知人のSNS投稿やPeatixなどイベントが確認できるサイトをチェックして、イベントを見つけてみてください。

　これらの講座やコミュニティへの参加を通して、他社の広報担当者やメディア関係者などとネットワーキングすることで新たな視点や情報を得ることができます。自社のターゲットメディアの記者とつながることができれば、直接情報交換のお願いをすることができるかもしれません。新たにつながった人と情報交換するなかで広報業界の最新トレンドや他社のベストプラクティスを学んで自社の活動に活かしたり、他社の広報担当者と一緒にメディアキャラバンを行うことなどもできます。

　小さな会社では、広報担当者だけでなく、経営者自らが積極的に広報コミュニティに参加するケースもあります。経営者自ら参加して、得た知識や人脈を自社の広報活動に活かすのもお勧めです。

## ダウンロードコンテンツのご案内

本書でご紹介しているダウンロード資料は以下の通りです。業務の参考にしていただければ幸いです。

| ダウンロード資料 | 概要 |
| --- | --- |
| 1. メディアリストフォーマット | メディアの情報を管理するためのシート |
| 2. ファクトブックフォーマット | メディア向けの自社紹介資料 |
| 3. 人物プロフィールシート | 自社の社長や社員が話せる（執筆できる）トピックをまとめて、メディア向けにインタビューや寄稿の提案を行うための資料 |
| 4. プレスリリースヒアリングシート | プレスリリース作成時に必要なヒアリング項目をまとめたシート |
| 5. プレスリリーステンプレート | プレスリリースの基本掲載項目の例 |
| 6. クリッピングフォーマット | 自社に関する掲載、放映情報を管理するためのシート |
| 7. プレスリリース送付時の例文シート | プレスリリースをメディアに送る際のメール例文 |
| 8. ブリーフィングシート | 取材対応者にメディアの取材意図や目的、取材概要、想定される取材時の質問と回答、取材対応における注意点などを伝えるための資料 |
| 9. 取材対応総合ガイド | 取材対応をする際に広報担当者が理解しておくべき事項を一覧にまとめた資料 |
| 10. PR会社への依頼書フォーマット | PR会社に見積もりを取る際に先方に伝えておくべき項目をまとめた資料 |

以下のQRコードから本書のウェブサイトにアクセスすることで、ダウンロード資料をzipファイルでダウンロードすることができます。

※QRコードが読み取りにくい方は、こちらのURLからアクセスしてください。
https://bookplus.nikkei.com/atcl/catalog/24/01/09/01204/

# 参考文献

## 第2章

スコット・M・カトリップほか『Effective Public Relations』(邦題『体系 パブリック・リレーションズ』)ピアソンエデュケーション　2008年

パブリックリレーションズの定義(日本パブリックリレーションズ協会HP)
https://prsj.or.jp/aboutpr/

広報の定義(広報学会プレスリリース)
https://prtimes.jp/main/html/rd/p/000000002.000112753.html

2023年 PR業実態調査(日本パブリックリレーションズ協会HP)
https://prsj.or.jp/2023/05/24/prreport2023/

『情報通信白書令和4年版』インターネットの利用動向(総務省)
https://www.soumu.go.jp/johotsusintokei/whitepaper/ja/r04/html/nd238110.html

1つの記事で世の中が大きく変わる――1日の記事数約6000本、月間225億PVを数える「Yahoo!ニュース」のこれまでとこれから
https://about.yahoo.co.jp/hr/linotice/20200825.html

メディアを取材したnote連載(リープフロッグ松田純子note)
https://note.com/leapfrog_pr/

2022年 Japan Startup Finance - 国内スタートアップ資金調達動向決定版 -
https://initial.inc/enterprise/resources/japanstartupfinance2022

## 第3章

組織の見直しについて(NTTプレスリリース)
https://group.ntt/jp/newsrelease/2023/05/12/230512f.html?fbclid=IwAR26bjBOfLCsG-NB2PWE24vmBivJLupKs7AglmQIAp4EeuOqg25xIuv6wIY

## 第4章

2022年 日本の広告費（電通プレスリリース）
https://www.dentsu.co.jp/news/release/2023/0224-010586.html

2022年 企業のパーパスと採用に関する調査（Wantedly HP）
https://www.wantedly.com/hiringeek/recruit/pr_purpose/

Engagement Whitepaper（日本語版）（コーン・フェリー PDF）
https://focus.kornferry.com/wp-content/uploads/2015/02/EngagementWhitepaper_JPN.pdf

清水亮『教養としての生成AI』幻冬舎新書、2023年

岡嶋裕史『ChatGPTの全貌〜何がすごくて、何が危険なのか？〜』光文社、2023年

佐々木俊尚『AIの未来からビジネス活用術まで ChatGPTについて佐々木俊尚先生に聞いてみた』Gakken、2023年

池田朋弘『ChatGPT最強の仕事術』フォレスト出版、2023年

## 第5章

ジム・コリンズほか『ビジョナリー・カンパニーZERO ゼロから事業を生み出し、偉大で永続的な企業になる』日経BP、2021年

## 第6章

『2020年版 小規模企業白書』中小企業・小規模事業者を取り巻くリスク（中小企業庁）
https://www.chusho.meti.go.jp/pamflet/hakusyo/2020/shokibo/b1_1_5.html

山口真一『炎上とクチコミの経済学』朝日新聞出版、2018年

## おわりに

　最後までお読みいただきましてありがとうございました。

　書籍内でも繰り返し述べましたが、企業の広報活動において経営者の
コミットメントほど重要なものはありません。そのため、本書はスター
トアップや中小企業など小さな会社の経営者（そのほか事業責任者、広報責任
者など）向けに執筆させていただきました。

　一方で、本書にはもう一つ大切な目的がありました。それは、現場の
広報担当者の方に「広報活動に関する経営者向けの説明、説得材料を提
供する」ということです。

　小さな会社はひとり広報も多く、社内の誰も正解が分からないなかで
経営層との交渉に苦しんでいるという広報担当の方の声をよく耳にしま
す。そうしたケースにおいて、専門家の一つの意見として本書を説明材
料に活用していただけると嬉しいです。広報担当者が不要な遠回りを避
けて成果を出せることは、その会社にとってとても重要なことです。著
者が長年にわたる試行錯誤で得た知見やノウハウをぜひ踏み台にして、
多くの会社、広報担当者の方には効率的に前に進んでいただきたいと望
んでいます。

　本書の執筆にあたっては、株式会社SPRing代表の高橋ちささんに深
く感謝申し上げます。

　著者と共同で「プレスリリースの書き方講座」〜プロといっしょ！〜（https://pro-issho.com/）を主催し、特にメディアリレーションズ領域に高い知見とノウハウを持つ高橋さんには、4章「広報部の業務」のメディアリレーションズに関わる箇所全般、8章「PR会社・PRサービスの活用方法」をご執筆いただきました。豊富な経験に裏打ちされた、実践的な戦略や施策が読者の皆さまに大いに役立つと確信しております。

　またご多忙の中、先進事例として本書の取材にご協力くださいました各企業の広報ご担当者の皆様に深く感謝致します。掲載させていただいた現場のリアルな事例が、これから広報活動を本格化させていく多くの企業の参考になるものと考えております。

　株式会社スパイスボックス様、株式会社No Company様、Sansan株式会社武藤あり彩様、株式会社10X中澤理香様、株式会社クラシコム馬居優子様、キャディ株式会社浅野麻妃様、株式会社ビビッドガーデン佐藤安奈様、株式会社ヤッホーブルーイング渡部翔一様、株式会社ビットキー北島香織様、株式会社ビザスク小川晶子様（掲載順）

　最後に、本書の執筆にあたり、企画のブラッシュアップからお付き合いくださり発行まで丁寧に伴走してくださった日経BPの栗野俊太郎様に厚く御礼申し上げます。

2024年2月
松田純子

**著者略歴**

**松田純子　リープフロッグ合同会社代表**
早稲田大学卒業。求人広告のコピーライターを経て、2007年よりワークスアプリケーションズ、博報堂グループのスパイスボックスで広報業務に従事。2019年、伴走型・人材育成型の広報部立ち上げ支援を行うリープフロッグ合同会社を設立。「外から来る広報マネージャー」をコンセプトに数多くの企業を支援。広報関連の勉強会の主催や登壇、メディアでの寄稿や連載多数。

**高橋ちさ　株式会社SPRing 代表取締役**
法人向け製品を扱うIT企業等でのPRコンサルタントとしての豊富な経験を持つ。2017年8月、フリーランスとして独立。ベンチャー企業から大手上場企業、外資系企業の日本法人立ち上げ期の広報支援まで、幅広い分野での広報活動を手掛ける。特にマーケティング、営業、人事、採用との連携、メディアとの強固な関係構築を通じての企業ブランド価値の向上、目標達成・事業成長に寄与する広報活動のプロフェッショナルとして活動中。

# 小さな会社の広報大戦略

2024年2月14日　1版1刷

| | |
|---|---|
| 著　者 | 松田純子、高橋ちさ |
| | ©Junko Matsuda, Chisa Takahashi, 2024 |
| 発行者 | 國分正哉 |
| 発　行 | 株式会社日経BP |
| | 日本経済新聞出版 |
| 発　売 | 株式会社日経BPマーケティング |
| | 〒105–8308 東京都港区虎ノ門4–3–12 |
| 装　幀 | 沢田幸平（happeace） |
| ＤＴＰ | 朝日メディアインターナショナル |
| 印刷・製本 | シナノ印刷 |

Printed in Japan　ISBN978-4-296-11821-2